BILDATLAS DER ENTDECKUNGEN

ENTDECKEN · VERGLEICHEN · WISSEN ERWEITERN

Neil Grant
Illustrationen von Peter Morter

Bechtermünz Verlag

Ein Dorling-Kindersley-Buch

Redaktion der Originalausgabe:
Rachael Foster, Jacquie Gulliver, Ann Kramer, Anderley Moore

Genehmigte Lizenzausgabe für Bechtermünz Verlag
im Weltbild Verlag GmbH, Augsburg 1997

Aus dem Englischen von Helmut Grabendörfer
Titel der Originalausgabe: »The Great Atlas of Discovery«

Umschlaggestaltung: Atelier Langenfass, Ismaning

Printed in Italy
ISBN 3-86047-731-5

In dieser Reihe sind bereits erschienen:

Bildatlas der Dinosaurier
Bildatlas der Tiere
Bildatlas der Welt
Bildatlas der Erde
Bildatlas der Alten Kulturen
Bildatlas der Meere
Bildatlas des Weltalls
Bildatlas des Körpers
Bildatlas der Vögel

Inhalt

Zum Gebrauch dieses Atlasses

Der Atlas erzählt die Geschichte der Erforschung der Erde von den ersten Reisenden im Altertum bis zu den modernen Raumfahrern. Er hält sich so weit wie möglich an die zeitliche Abfolge der Entdeckungsfahrten.
Auf den meisten Doppelseiten sind Landkarten abgebildet. Sie geben Auskunft über wichtige Entdeckungen und die Personen, die sie machten.

Die Reiserouten der Entdecker sind eingezeichnet und mit Zahlen versehen, so daß man ihren Schritten folgen kann und dabei Einzelheiten über ihre Abenteuer erfährt. Außerdem bietet der Atlas vielfältige Informationen über die Motive der Forscher bei ihren Entdeckungsfahrten, über Navigation und Ausrüstung der Schiffe sowie über die Aufgaben von modernen Forschungsprojekten.

Wo?
Auf jeder Karte ist ein Globus abgebildet. Die rote Fläche auf dem Globus zeigt die Lage des betreffenden Lands oder Kontinents.

Kompaß
Mit Hilfe des Kompasses auf der Karte kann man nachvollziehen, in welche Richtung ein Entdecker gereist ist.

Lebensdaten der Entdecker
Wenn keine genauen Daten bekannt sind, wird durch »ca.« (circa) gesagt, daß es sich um ein ungefähres Datum handelt.

Alte Karten
Solche Karten zeigen die Vorstellungen der Menschen von der Gestalt der Erde. Mit den Reiseaufzeichnungen der Entdecker wurden die Karten immer wieder ergänzt und damit ständig genauer.

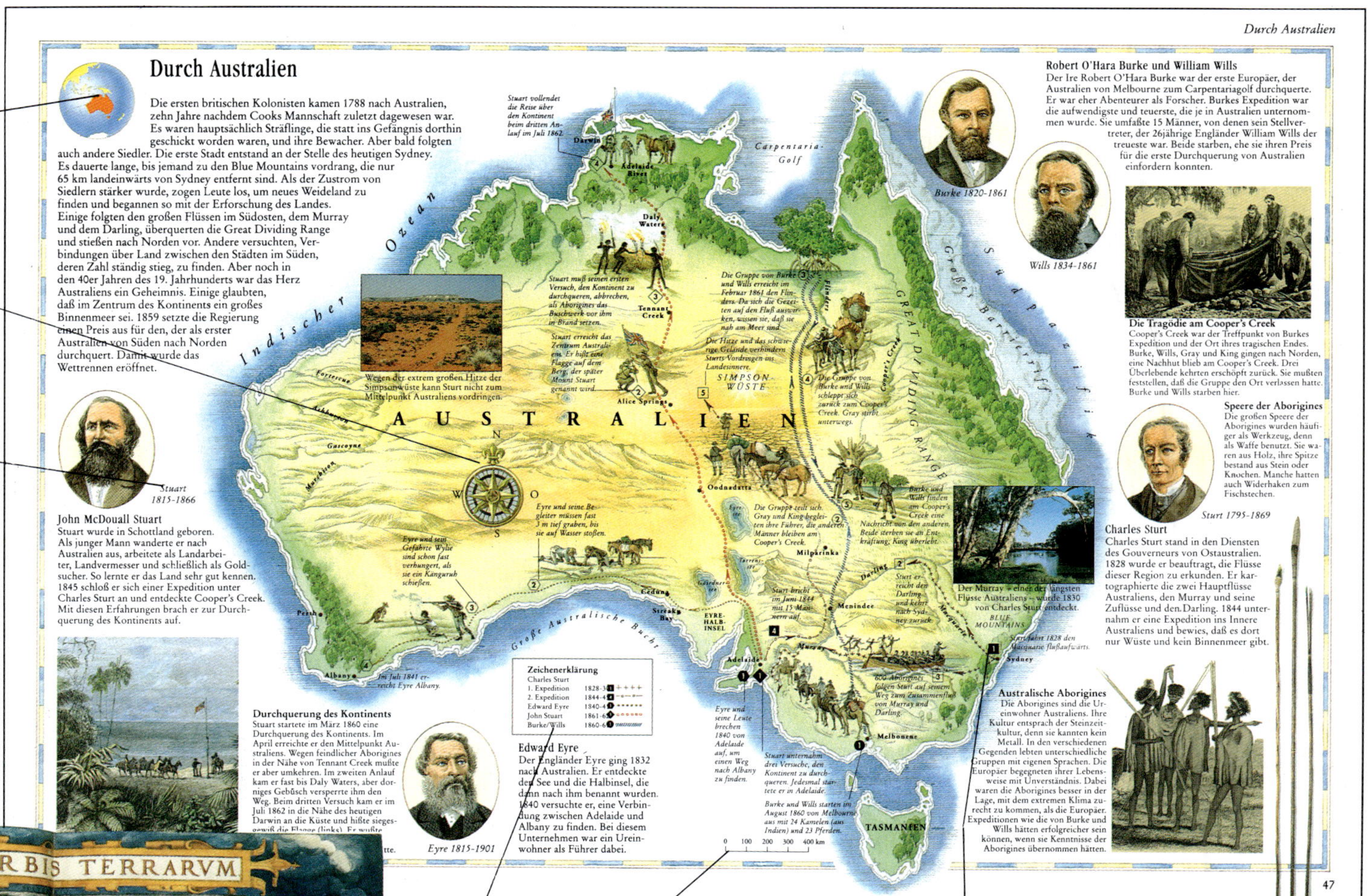

Maßstab
Anhand des Maßstabs kann man nachmessen, welche Entfernungen die Forscher auf ihren Reisen zurücklegten.

Zeichenerklärung
Die Routen der verschiedenen Entdecker sind durch unterschiedliche Farben, Muster und Symbole gekennzeichnet, so daß man sie leicht verfolgen kann. Die Legende gibt an, wann die Expeditionen stattfanden.

Symbole
Jedem Entdecker ist ein bestimmtes Symbol zugeordnet (z. B. Kreis, Quadrat, Sechseck usw.). Die Symbole sind im Verlauf der Route numeriert; die Zahlen geben die Reihenfolge der beschriebenen Ereignisse an. Der Beginn einer Expedition ist durch ein schwarz gefülltes Symbol gekennzeichnet, z. B. **1**. Wenn ein Entdecker mehrere Reisen unternahm oder wenn zwei gemeinsam reisende Forscher sich trennten, ist der Anfang der »neuen« Expedition auch durch ein schwarz gefülltes Symbol markiert, z. B. **4**.

Erklärung der Karten

Städte und Ortschaften werden durch einen Punkt markiert. Es sind nur die Städte eingezeichnet, in denen die Entdecker waren.	Trägt eine Stadt heute einen anderen Namen als in den Berichten eines Entdeckers, so steht der alte Name in Klammern.	Orte, die in Anführungszeichen stehen, existieren heute nicht mehr, wie z. B. »Navidad«, die Siedlung des Christoph Kolumbus'.	Flüsse, die für Expeditionen bedeutend waren, sind bezeichnet. Hat sich ein Name geändert, steht der alte in Klammern.	Ist die genaue Lage eines Ortes nicht bekannt, steht hinter dem Namen ein Fragezeichen. Es ist ungewiß, ob der Ort dort war.	Die Abenteuer der Entdecker werden in den Illustrationen veranschaulicht.

Entdeckerdrang

Seit frühesten Zeiten haben die Menschen ihre Umgebung erforscht. Sie durchquerten die heißesten Wüsten, bestiegen die höchsten Berge und befuhren die weiten Meere. Sie kämpften sich durch undurchdringliche Dschungel, um eine unbekannte Pflanze zu finden und holten seltsame Lebewesen vom Grund des Meeres ans Tageslicht. Aber nicht nur die Erde wurde erforscht. Menschen betraten den Mond, Raumsonden reisen durch unser Sonnensystem und senden Informationen über andere Planeten. Eines Tages werden ihnen Männer und Frauen überallhin folgen.

Bestimmt wurden alle Entdecker von der menschlichen Neugier getrieben. Aber sicher war für die meisten Forschungsreisen nicht Neugier der entscheidende Anlaß. Immer gab es praktische Gründe, ins Unbekannte aufzubrechen, z. B. die Suche nach Ländern oder Schätzen. Einige hofften, wertvolle Handelswaren und schnellere Handelsrouten in ferne Länder zu finden. Andere waren Missionare, die sich berufen fühlten, fremde Völker zu ihrem Glauben zu bekehren.

Manche gingen als Siedler in neue Länder, weil sich die Lebensbedingungen in ihrer Heimat verschlechtert hatten.

Mythen und Unwissenheit

Bevor die Menschen anfingen, ihr Wissen über die unbekannten Teile der Erde zu erweitern, erklärten sie sich die Welt mit teilweise seltsam anmutenden Geschichten, sogenannten Mythen. Wenn es z. B. so erstaunlich große Tiere wie Elefanten gibt, warum gibt es nicht auch Adler, die so groß sind, daß sie Elefanten in ihren Krallen davontragen können? So mußten frühe Entdecker nicht nur den realen Gefahren auf ihren Reisen trotzen, sondern auch viele falsche erschreckende Vorstellungen und ihren Aberglauben überwinden. Die Seefahrer vor fünfhundert Jahren fürchteten, daß sie über den Rand der Erde segeln und in die Hölle stürzen würden, wenn sie zu weit aufs offene Meer hinausführen. Als die Portugiesen im 15. Jahrhundert die Küste Afrikas erforschten, glaubten sie, daß die Sonne am Äquator sie schwarz werden läßt und das Wasser des Meeres zum Kochen bringt.

Anspruch auf neue Länder

Als die Europäer im 15. Jahrhundert in unbekannte Kontinente aufbrachen, handelten sie oft so, als würde die Welt ihnen gehören. Länder, deren Bewohner als »primitiv« angesehen wurden und keine Christen waren, nahmen sie für ihren König in Besitz. So wurden in den folgenden Jahrhunderten große Teile der Erde, einschließlich Nord- und Südamerika und fast ganz Afrika, europäischer Kolonialbesitz. Oft hatte das schreckliche Folgen für die dort ansässige Bevölkerung.

Handel

Es heißt: »Der Handel folgt der Flagge.« Wenn ein neues Land entdeckt wurde, folgten bald die Kaufleute. Besser wäre aber: »Die Flagge folgt dem Handel!« Die Ausweitung des Handels und die Suche nach Handelswegen war nämlich das Motiv für die Eroberung der Weltmeere und der Kontinente im 15. und 16. Jahrhundert durch die Europäer. Die berühmten Entdeckungsreisen von Kolumbus oder Magellan hatten eigentlich das Ziel, einen Seeweg in den Fernen Osten zu finden. Dort gab es wertvolle Waren wie Gewürze und Seide. Kolumbus wollte keinen neuen Kontinent entdecken, sondern hoffte, China und Japan zu erreichen. Er starb in der Überzeugung, daß er dies geschafft habe. Magellan hatte nicht vor, um die Erde zu segeln. Er wollte lediglich einen neuen Weg zu den Molukken finden, auch Gewürzinseln genannt.

Religion

Im Gegensatz zu vielen anderen Religionen beansprucht die Lehre des Christentums, für alle Menschen gültig zu sein. Manche Christen hielten es für ihre Pflicht, andere Völker zum Christentum zu bekehren. So begleiteten Priester die Expeditionen nach Nord- und Südamerika, nicht nur um Gottesdienste für die Schiffsbesatzungen zu halten, sondern um den Völkern der neuen Welt das Christentum zu bringen. Angehörige des Jesuitenordens (gegründet 1534) waren als Missionare in Amerika und Asien. Der Jesuit St. Francisco Xavier esuchte als einer der ersten Euro- r Japan. Der Jesuit Marquette kte den Mississippi.

Kartographie

Die meisten europäischen Karten des Mittelalters zeigen die Welt als flache Scheibe. Nur drei Kontinente waren bekannt: Europa, Asien und Afrika. Oben auf der Karte ist Osten, genau in der Mitte ist Jerusalem, die Heilige Stadt. Nach den Worten der Bibel wurde Jerusalem als das Zentrum der Erde angesehen. Landkarten dieser Art waren normalerweise in religiösen Büchern abgebildet. Sie müssen daher eher als religiöse Bilder betrachtet werden. Die christliche Kirche lehrte, daß die Erde eine Scheibe sei, obwohl es bereits die Griechen der Antike besser wußten.

Entdecker des Altertums

Seit frühesten Zeiten gibt es Menschen, die reisen. Völker der Vorzeit wanderten auf der Suche nach besseren Jagdgründen oder um dem Vordringen der Gletscher in der letzten Eiszeit zu entgehen. Die eigentliche Geschichte der Entdeckungen und der Erforschung der Welt begann mit der Entwicklung von Zivilisation, als Völker Siedlungen gründeten, Schiffe bauten, in Städten lebten und anfingen, ihre Kenntnisse in Büchern aufzuschreiben. Mit dem Wachstum einer Kultur entwickelte sich auch der Handel. Obwohl dieser der Hauptgrund war, Segel zu setzen und neue Länder zu suchen, wurden auch Expeditionen unternommen, um diese Länder zu erobern. Schon vor fast 6000 Jahren machten die Ägypter Fahrten das Rote Meer hinunter, und die Phönizier legten noch weitere Entfernungen zurück. Sie gelangten bis nach Britannien und an die Westküste Afrikas. Sie waren die größten Entdecker ihrer Zeit. Später verschoben die Römer die Grenzen ihres Reiches weit in unbekannte Gebiete.

Die Phönizier

Phönizien umfaßte einige Stadtstaaten in einem kleinen Landstrich der syrischen Küstenebene. Um 1000 v. Chr. waren die Phönizier die bedeutendsten Seefahrer des Mittelmeerraumes. Ihre Schiffe waren kurz und breit, sie fuhren mit Rudern und einem einzelnen Segel. Die Schiffe wurden aus dem besten Holz der Gegend gebaut – aus Zedernholz von den Hängen des Libanon, das auch ein begehrter Exportartikel der Phönizier war.

Ein phönizisches Schiff im Auftrag des Pharao

Der antike griechische Geschichtsschreiber Herodot berichtet eine Geschichte über den ägyptischen Pharao Necho II. Danach beauftragte Necho im Jahr 600 v. Chr. ein phönizisches Schiff, eine Fahrt vom Roten Meer aus um Afrika herum und durch das Mittelmeer nach Ägypten zu machen. Die Reise soll drei Jahre gedauert haben. Aber viele Historiker bezweifeln diese Geschichte.

Hanno bricht nach Afrika auf

Die bedeutendste phönizische Seereise, von der wir wissen, ist die des Hanno um ca. 500 v. Chr. Er segelte mit einer Flotte von Karthago aus an der Westküste Afrikas entlang, fuhr den Fluß Senegal hinauf und erreichte vielleicht sogar den Golf von Guinea. Hanno berichtete von vielen ungewöhnlichen Erlebnissen auf seiner Reise.

Kaufleute und Kolonisten

Die phönizischen Städte Tyrus und Sidon wurden um das Jahr 700 v. Chr. erobert. Zu dieser Zeit hatten die Phönizier aber schon viele Kolonien rund um das Mittelmeer gegründet. Karthago war die bedeutendste von allen und wurde mächtiger als Tyrus und Sidon. Die Phönizier handelten mit vielen Waren. Sie lieferten Holz für ägyptische Schiffe und für den Tempel des König Salomo. Die Phönizier fuhren wegen Zinn bis nach Cornwall in Britannien. Sie entdeckten auch den kostbaren Purpur-Farbstoff. Außerdem beherrschten die Phönizier Techniken der Metallbearbeitung und des Glasblasens.

Pytheas

Pytheas

Der griechische Astronom Pytheas wurde in Marseille geboren, das als griechische Kolonie gegründet wurde. Um ca. 330 v. Chr. machte er ein oder zwei Reisen in den Nordatlantik. Vielleicht wollte er am phönizischen Zinn-Handel teilhaben. Er segelte um die Britischen Inseln herum und war der erste, der Nachrichten über ihre Bewohner mitbrachte, wonach diese friedliebend seien. Von Schottland segelte er nordwärts in das Land Thule. Es ist jedoch nicht bekannt, wo Thule genau lag.

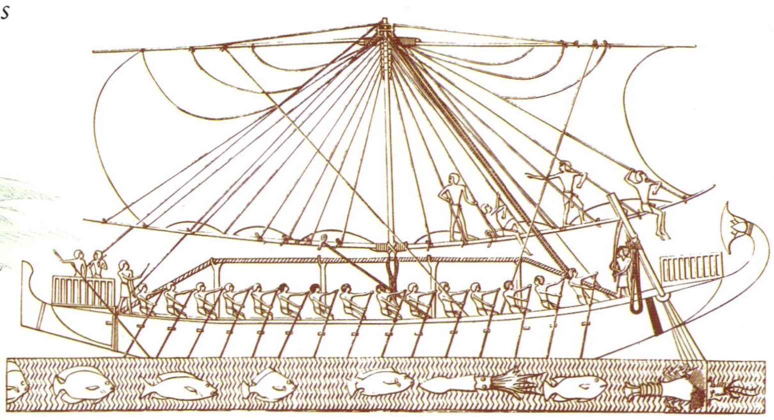

Die Reise nach Punt

Die Ägypter des Altertums lebten an den Ufern des Nils. Sie trieben Handel in weit entfernten Gebieten. Unter der Herrschaft der Königin Hatschepsut unternahmen die Ägypter vor ca. 3500 Jahren eine Expedition in das Land Punt (was vielleicht im östlichen Afrika gewesen sein mag). Sie transportierten das Material zum Bau von Schiffen durch die Wüste zum Roten Meer – eine Entfernung von 250 km. Die Reise dauerte mindestens ein Jahr. Von dieser Expedition zeugen Inschriften und Bilder an den Wänden des Tempels der Königin Hatschepsut in Dair Al Bahri in der Nähe von Theben.

Reichtümer aus Punt

Die Ägypter brachten von der Expedition nach Punt Myrrhe und andere Pflanzen mit, ebenso Elfenbein und Ebenholz, Leopardenfelle und lebende Tiere wie Paviane und Schoßhunde. Das Relief im Tempel der Königin Hatschepsut (rechts) zeigt die Heimkehrenden mit Kräutern und Gewürzen.

Die Phönizier beladen ihre Schiffe mit Wein.

Tyrus und Sidon sind die Handelszentren der Phönizier.

Die ägyptische Expedition nach Punt beginnt nördlich von Theben. Alles muß erst durch die Wüste zum Roten Meer gebracht werden, wo die Schiffe ablegen.

Als Ägypten im 1. Jahrhundert v. Chr. römische Provinz wird, versuchen römische Soldaten, dem Nil stromaufwärts zu folgen. Sie gelangen bis Sudd, einem riesigen Überschwemmungsgebiet des Nils.

Die Ägypter erreichen Punt, wo sie ihre Schiffe mit Reichtümern beladen. Sie bringen Weihrauch und Myrrhensträucher, die für den Tempel der Königin Hatschepsut verwendet werden.

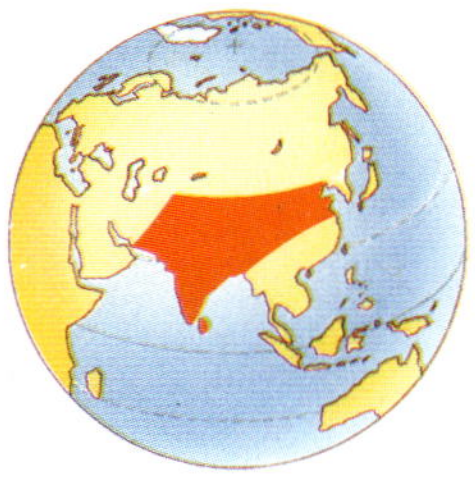

Frühe chinesische Entdecker

Noch vor 2000 Jahren lebten die Römer und die Chinesen in zwei Welten. Sie waren getrennt durch gewaltige Gebirge, Wüsten und dichten Urwald, aber auch durch kriegerische Völker. Die antike römische und die chinesische Zivilisation entwickelten sich jeweils eigenständig. Dennoch wußte man voneinander. Reiche Römer trugen z. B. Seide aus China, die durch die Hände vieler Mittler auf den alten Seidenstraßen nach Europa gelangte.
Im Jahr 138 v. Chr. wurden diese Routen durch Zentralasien von dem bedeutenden chinesischen Reisenden Chang Ch'ien erkundet. Frühe Handelswege führten auch in ein weiteres Zentrum früher Zivilisation, nach Indien. Es war das Ursprungsland des Buddhismus, einer Religion, die viele Anhänger in China hatte. So reisten gelehrte chinesische Mönche wie Fa Hsien im Jahr 399 n. Chr. und Hsüan Tsang 629 n. Chr. nach Indien. Sie wollten die buddhistische Lehre studieren und die Orte besuchen, wo der Stifter der Religion, Buddha, gelebt und gelehrt hatte.

Chang Ch'ien

Chang Ch'ien war Beamter am Hof des chinesischen Kaisers Wu Ti. 138 v. Chr. sandte ihn der Kaiser westwärts nach Zentralasien, um Verbündete gegen die Hunnen zu gewinnen. Dieses Nomadenvolk bedrohte die Grenzen des chinesischen Reiches. Chang Ch'ien kam bis Baktrien, das früher zum Reich Alexanders des Großen gehörte. Das Volk von Baktrien wollte nicht in den Krieg gegen die Hunnen eintreten. Aber Chang Ch'ien war es gelungen, Beziehungen zwischen China, Indien und dem Nahen Osten zu knüpfen.

Hsüan Tsang sah gewaltige Buddhastatuen, die in die Felswand des Bamiantales in Afghanistan eingebettet sind.

Buddhismus

Der Buddhismus entstand im 6. Jahrhundert v. Chr. in Indien aus dem Hinduismus. Er breitete sich als missionarische Religion über große Teile Asiens aus und erreichte China um das Jahr 100 n. Chr. Die heiligen Bücher wurden aus dem Sanskrit, der frühen indischen Sprache, übersetzt. Sie waren aber nicht einfach zu begreifen. Buddhistische Mönche aus China wie Fa Hsien brachen zu beeindruckenden Reisen durch Asien zu den Ursprüngen der Religion auf, um die Lehre besser zu verstehen. Sie besuchten buddhistische Gemeinschaften und studierten in alten Tempeln.

Fa Hsien

Fa Hsien – geboren um das Jahr 370 n. Chr. – war ein chinesischer Mönch. Um die Lehre des Buddha zu studieren, reiste er von China nach Westen. Er folgte der Seidenstraße bis Khotan, wo viele buddhistische Mönche lebten. Dann zog er über den Hindukusch nach Indien, wo er mehrere Jahre in den Klöstern entlang des Ganges mit Studien verbrachte. Anschließend war er auf Sri Lanka. Seine Reiseberichte enthielten viele Informationen über Zentralasien und Indien.

Hsüan Tsang

Hsüan Tsang, auch Tripitaka oder »Lehrer des Gesetzes« genannt, wurde 602 n. Chr. geboren. 200 Jahre nach den Reisen von Fa Hsien durchquerte er die Wüste und erreichte Indien. Hier erlernte er Sanskrit, die alte indische Sprache, in der die buddhistischen Schriften geschrieben waren. Nach 15 Jahren kehrte er nach China zurück. Er führte ein großes Mönchskloster und übersetzte viele buddhistische Bücher ins Chinesische. Außerdem schrieb er einen Bericht über seine Reise. Hsüan Tsang war ein bedeutender Gelehrter und ein wagemutiger Reisender.

Hsüan Tsang kehrt nach China zurück

Bei seiner Rückkehr 645 n. Chr. wurde Hsüan Tsang ein großartiger Empfang in Chang'an bereitet. Er kam mit einem Wagen, der von zwanzig Pferden gezogen wurde, und brachte religiöse Gegenstände mit, wie z. B. Buddhastatuen, sowie ungefähr 700 Bücher. Diese Bücher bedeuteten viel Arbeit für ihn. Er soll insgesamt Schriften im hundertfachen Umfang der christlichen Bibel übersetzt haben.

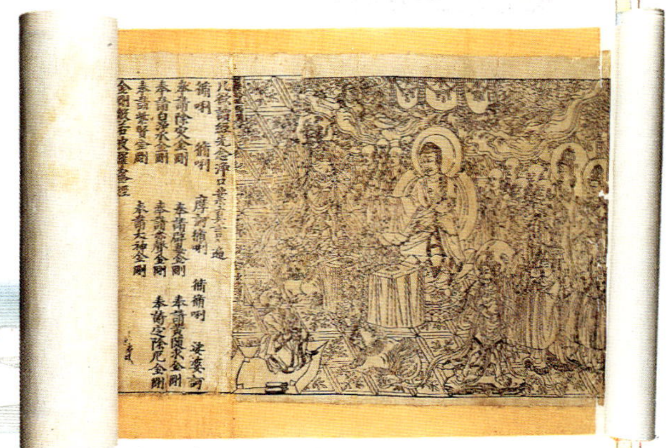

Die Diamant-Sutra

Mit der Verbreitung des Buddhismus wurde die Entwicklung des Buchdrucks vorangetrieben. So konnten die heiligen Schriften des Buddhismus von vielen Menschen gelesen werden. Bücher waren zu jener Zeit Rollen aus aneinandergeklebten Blättern. Die Diamant-Sutra (oben) wurde im Jahr 868 n. Chr. gedruckt und ist das älteste bekannte Buch. Es enthält eine Sammlung buddhistischer Lehrsätze, Sutra genannt.

Die Fahrten der Wikinger

Wikinger oder Normannen wurden die Kriegerscharen aus Skandinavien genannt, die zwischen den Jahren 800 und 1100 n. Chr. die Küsten Großbritanniens und Nordwesteuropas immer wieder überfielen. Sie waren aber nicht nur als erbarmungslos plündernde Krieger bekannt, sondern umsegelten die halbe Welt, um Handel mit weit entfernten Ländern zu treiben oder um Siedlungsland zu finden. Im Westen überquerten sie den stürmischen Atlantik, nach Süden drangen sie bis ins warme Mittelmeer vor und nach Norden bis in arktische Regionen. Man weiß nicht mit Sicherheit, warum die Wikinger diese Fahrten unternahmen, denn Skandinavien war eine reiche Region. Aber die Bevölkerung wuchs. So mußten unter Umständen jüngere Söhne, die nicht das Land des Vaters erbten, ihre Chance in der Ferne suchen. Sie unternahmen Beutezüge an fremden Küsten oder besiedelten neues Land, wo sie zudem der Steuer ihres Heimatlandes entkamen.

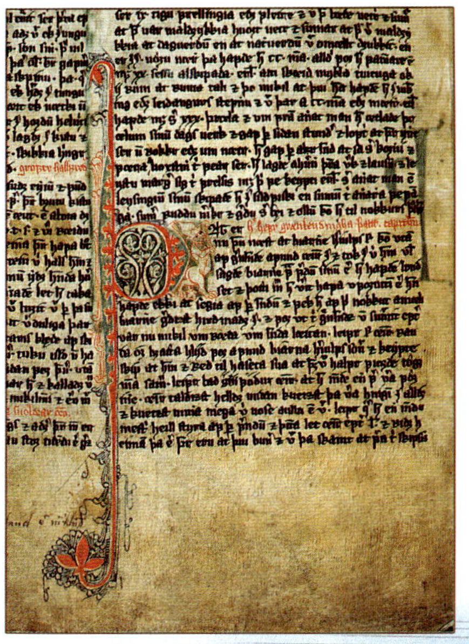

Die Welt der Sagen

Unser Wissen über die normannische Besiedlung Grönlands und die Fahrten der Wikinger nach Nordamerika haben wir zum Großteil aus den nordischen Sagen. Eine davon ist die Graenlandinga oder Grönländer-Sage (links) aus dem 12. Jahrhundert, der Zeit nach den großen Wikingerfahrten. Einige Sagen berichten über die Abenteuer der nordischen Völker, aber es sind Geschichten zur Unterhaltung, die nicht unbedingt wahr sein müssen. So erzählen sie von einbeinigen Bewohnern Nordamerikas! Aber daß die Wikinger aus Grönland wirklich auf Neufundland siedelten, bestätigen die Überreste ihrer Häuser, die dort in L'Anse aux Meadows gefunden wurden.

Reste der Siedlung in Brattahlid, wo Erich der Rote ein Haus gebaut hatte.

Thingvellir in Island, der Ort mit einer frühen Form eines Parlaments bei den Wikingern.

Erich der Rote

Erich der Rote war ein Häuptling der nordischen Siedler in Island. Um das Jahr 980 wurde er verbannt, weil er einen Mann im Streit getötet hatte. Erich hatte Geschichten von Land im Westen gehört, und so segelte er in diese Richtung. Das entdeckte Land schien ein mildes Klima zu haben, und er beschloß, hier eine Siedlung aufzubauen. Wegen des Sommergrases nahe der Küste nannte er es »Grünland«, wohl auch in der Hoffnung, damit weitere Siedler zu gewinnen. Obwohl Grönland in Wirklichkeit kälter und eisiger als Island war, überlebte Erichs Kolonie und wuchs langsam.

Die erste Entdeckung Amerikas

Nordmänner und -frauen waren fast 500 Jahre vor der berühmten Entdeckungsfahrt des Kolumbus' 1492 in Nordamerika. Bjarni Herjulfsson, dessen Schiff zwischen Island und Grönland vom Kurs abgekommen war, berichtete Erich dem Roten von Land weiter im Westen. Erichs Sohn Leif unternahm eine Expedition, um dieses Land zu erkunden. Die Zeichnung unten zeigt Leif Eriksson, als er Helluland erblickt. Von einer Fahrt weiter südlich wurde berichtet, daß dort fruchtbares Land sei, wo wilder Wein wachse. Deshalb nannte Leif Eriksson es Weinland.

Kursbestimmung

Die Normannen, die über den Atlantik fuhren, bestimmten ihre Postition grob nach den Sternen. Sie verfügten weder über Seekarten noch über Navigationsinstrumente. Sie hatten aber eine Art Kompaß (links). Mittags wurde eine bestimmte Kerbe nach Süden ausgerichtet, dem Punkt am Horizont direkt unter der Sonne. Mit dem Zeiger wurde der Kurs festgelegt.

Ein Wikingerschiff

Die Wikinger waren ausgezeichnete Schiffbauer. Für ihre Beutezüge hatten sie schlanke Langschiffe, die von Rudern oder Segeln schnell vorangetrieben wurden. Die Schiffe für Handelsreisen oder für Fahrten auf der Suche nach Siedlungsplätzen waren kürzer und breiter. Sie hatten viel Platz für Passagiere und Ladung. Sie wurden mit einem großen rechteckigen Segel gefahren und konnten zur Not auch gerudert werden. Die größten Langschiffe hießen »knorr« und waren bis zu 16 m lang und 4 bis 5 m breit.

Binnenschiffahrt

Die Wikinger aus Schweden und Norwegen drangen tief nach Rußland ein. Sie hatten leichte und flache Boote, die auch über Land getragen oder gezogen werden konnten. So konnte man von einem Fluß zum anderen gelangen oder einen Wasserfall umgehen, wie der Holzschnitt aus dem 16. Jahrhundert zeigt (links).

Der schwedische Wikinger Floki (bekannt als Raben-Floki) segelt westwärts, geführt von Raben, die er freigelassen hatte. Er gelangt nach Island, wo er sich niederläßt.

Wikinger entdecken die Färöer-Inseln und Island um 800 v. Chr. – wahrscheinlich, weil sie dem Flug der Vögel folgten.

Die Fahrten der Wikinger in Europa

Die für ihre Entdeckungsfahrten in den Westen bekannten Wikinger gelangten jedoch auch weit nach Osten, quer durch Europa bis nach Asien. Dänen siedelten im Nordosten Englands und plünderten die Küsten Italiens und Nordafrikas. Die Schweden hatten Handelsrouten von der Ostsee bis ins Kaspische und Schwarze Meer. Sie segelten nach Konstantinopel und folgten den Seidenstraßen nach China. Die Norweger eroberten den Norden Schottlands und gründeten in Irland Städte wie Dublin, Cork und Waterford. Andere Nordmänner kauften Land vom König von Frankreich und siedelten in der heute nach ihnen benannten Normandie.

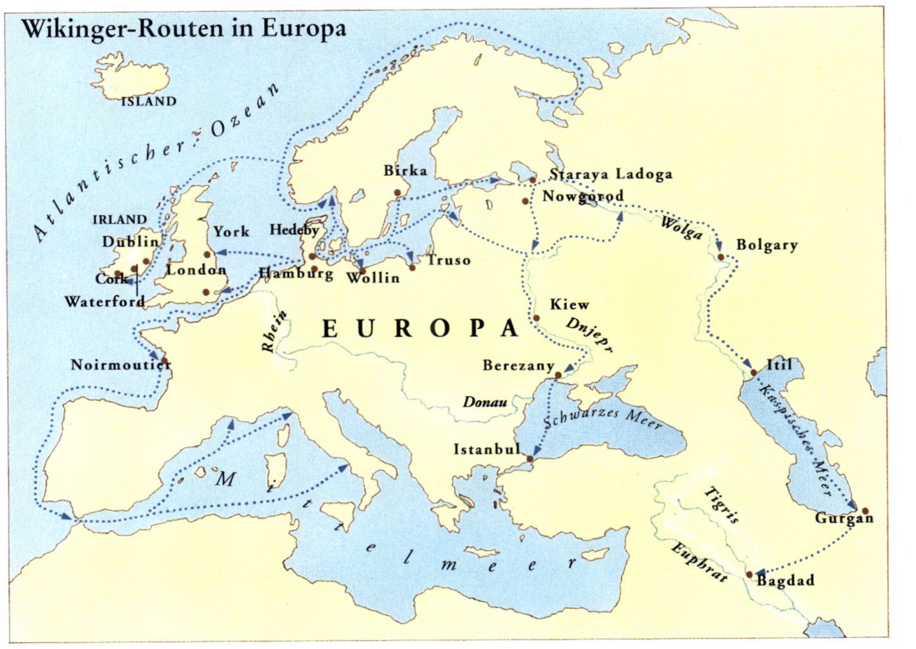

Moslems auf Reisen

Die Religion des Islam wurde im 7. Jahrhundert gegründet und stammt aus dem arabischen Raum. In nur 200 Jahren breitete sich der Islam bis nach Spanien und Indien aus. Deshalb sind die Anhänger dieser Religion, Moslems genannt, unterschiedlichster Nationalitäten. Sie fühlen sich aber einer gemeinsamen Tradition verpflichtet, zu der die arabische Sprache und das Wissen der Araber gehören. Gelehrte Moslems wie Ibn Battuta reisten durch die Länder des Islam und wurden an vielen Orten willkommen geheißen. Die Araber waren bedeutende Reisende, die ihr Wissen zu vermehren suchten. Es gab auch einen großen arabischen Einfluß im Handel. Außerdem versuchten alle Moslems, einmal im Leben die heilige Stadt Mekka zu besuchen. Die ältesten Reiseberichte reichen bis ins 9. Jahrhundert zurück. Sie sind voller faszinierender Erlebnisse und Fakten, auch wenn einige Geschichten nicht immer der Wahrheit entsprechen.

Mekka
Der Prophet Mohammed, der Begründer des Islam, wurde 570 n. Chr. in der arabischen Wüstenstadt Mekka geboren. Mekka beherbergt das wichtigste Heiligtum des Islam, die Kaaba, ein würfelförmiges Bauwerk im Zentrum der Stadt. Alle Moslems verneigen sich bei ihren Gebeten in Richtung dieses Heiligtums. Es wird gesagt, Abraham, der Stammvater des jüdischen Volkes, habe die Kaaba gebaut.

Gelehrte des Islam
Die Wissenschaft des Islam hatte im 12. Jahrhundert ihre Blütezeit. Die Kugelgestalt der Erde war bereits bekannt, und moslemische Gelehrte (oben) schrieben Bücher und bauten Himmelsobservatorien. Auch über Navigation wußten die Araber sehr viel. Das Astrolabium (rechts), ein frühes Navigationsinstrument, war wahrscheinlich eine arabische Erfindung.

Al Idrisi
Um 1100 wurde in Nordafrika der berühmte arabische Geograph Al Idrisi geboren. Er unternahm ausgedehnte Reisen durch Europa und den Nahen Osten. Er blieb einige Jahre am Hof Rogers II. von Sizilien. Hier zeichnete er eine Weltkarte, konstruierte einen Erdglobus und schrieb einen Führer für Reisende.

Ibn Battuta
1304–1377

Ibn Battuta

Ibn Battuta wurde in Tanger an der nordafrikanischen Küste geboren. Er legte über 100 000 km zurück und war der bedeutendste moslemische Reisende.
Unser Wissen über seine Reisen stammt vor allem aus seinen eigenen Berichten, die er jeweils nach seiner Rückkehr aufschreiben ließ. Einige seiner Geschichten sind aber ziemlich unglaubhaft. So will er das christliche Konstantinopel besucht und 12 000 Bischöfe in der Kathedrale gesehen haben. Manche Ungereimtheiten wurden womöglich vom Schreiber hinzugefügt.

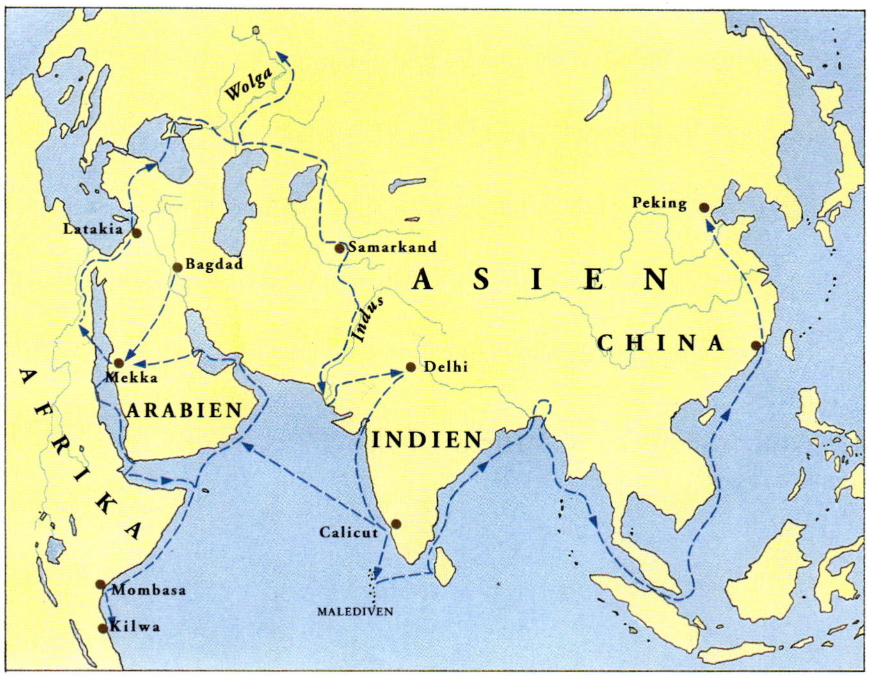

Die erstaunlichen Reisen des Ibn Battuta

Ibn Battuta legte enorme Entfernungen zurück und machte häufig Umwege, so daß seine Reisewege nicht exakt nachzuzeichnen sind. Einige sind auf der Karte oben grob skizziert. Ibn Battuta fuhr in Sibirien mit Hundeschlitten und segelte auf einer Dschunke nach China. Ihm verdanken wir auch Beschreibungen wenig bekannter Gegenden, wie z. B. dem alten Königreich Mali in Westafrika.

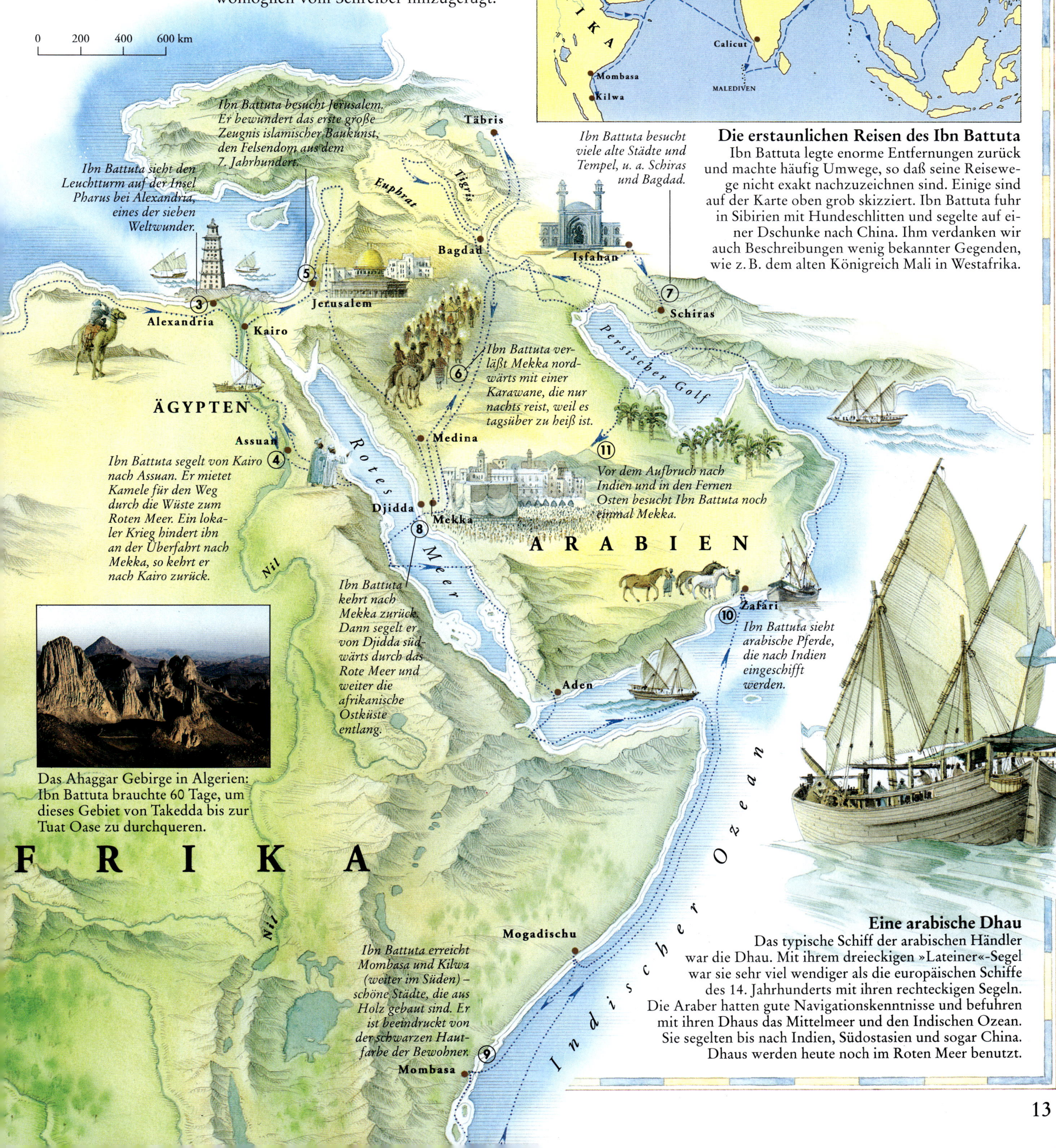

Das Ahaggar Gebirge in Algerien: Ibn Battuta brauchte 60 Tage, um dieses Gebiet von Takedda bis zur Tuat Oase zu durchqueren.

Eine arabische Dhau

Das typische Schiff der arabischen Händler war die Dhau. Mit ihrem dreieckigen »Lateiner«-Segel war sie sehr viel wendiger als die europäischen Schiffe des 14. Jahrhunderts mit ihren rechteckigen Segeln. Die Araber hatten gute Navigationskenntnisse und befuhren mit ihren Dhaus das Mittelmeer und den Indischen Ozean. Sie segelten bis nach Indien, Südostasien und sogar China. Dhaus werden heute noch im Roten Meer benutzt.

Der Handel

Der Reiz des Unbekannten war schon immer die Triebfeder der Entdecker auf ihren Fahrten. Aber erst die Aussicht, durch Handel reich zu werden, brachte die Kaufleute dazu, wirklich bis in die letzten Winkel der Erde vorzudringen. Die ersten internationalen Kaufleute und Entdecker waren die Seefahrer des Mittelmeerraumes. Warentransport zur See war immer sehr schnell und in geschützten Gewässern recht einfach gewesen. Trotzdem waren bis zum 15. Jahrhundert die Seeverbindungen vom Nahen Osten nach Afrika oder Südostasien sehr schwierig, gefährlich oder noch nicht bekannt. So mußten die Kaufleute die mühseligen Routen über Land benutzen. Wegen der hohen Kosten lohnte sich der Transport über Land nur bei wirklich wertvollen Waren. Aus dem Osten kamen Seide, Jade, Porzellan und Gewürze. Gold aus Afrika wurde durch die Wüste Sahara transportiert. An den großen Handelsplätzen wie Alexandria in Ägypten tauschten die Händler nicht nur ihre Waren aus, sondern auch abenteuerliche Reisegeschichten.

Tausch, Gold und Geld
Der frühe Handel war Tauschhandel ohne Geld. Waren wurden gegeneinander getauscht. So reisten z. B. Händler aus einer Kultur, die Metall bearbeiten konnte, in eine bewaldete Gegend, um ihre Axtblätter gegen Holz zu tauschen. Gold wurde später zum universalen Tauschmittel; es konnte gegen alles eingetauscht werden.

Salzhandel
Heutzutage ist es schwer vorstellbar, daß Salz einmal so wertvoll war, daß Menschen ihren Lohn damit ausgezahlt bekamen. Daher stammt auch der Ausdruck »Salär« (im Englischen »salary«) für Lohn. Salz wird aus Meerwasser gewonnen, das man verdunsten läßt. Außerdem kommt es in fester Form als Mineralsalz unter der Erdoberfläche vor, besonders in heißen Regionen der Welt, wie z. B. in der Sahara. Das Foto links zeigt, wie Salz mit Hilfe der Sonne gewonnen wird. Das Wasser verdunstet, und die Salzkristalle bleiben zurück. Salz ist ein lebenswichtiger Bestandteil der Ernährung. Besonders in heißen Gegenden ist der Bedarf groß, weil der Körper mit dem Schweiß Salz verliert. Salz war außerdem ein wichtiges Mittel zur Konservierung von Nahrung. So war der Salzhandel, der die Versorgung von Regionen ohne Salzvorkommen sicherstellte, immer sehr bedeutend. Er ist auch heute noch lebenswichtiger Bestandteil der Wirtschaft von Wüstenvölkern.

Salzstraßen
Kamelkarawanen trugen große Mengen Salz aus den Vorkommen in der Sahara und ihren angrenzenden Gegenden zur Mittelmeerküste, wo es nach Europa verladen wurde. Der Salzhandel wurde vor allem von Nomadenvölkern der Wüste betrieben und in den Oasen abgewickelt. Schon der griechische Historiker Herodot (ca. 485-425 v. Chr.) beschreibt die Salzrouten durch die Sahara von einer Oase zur anderen.

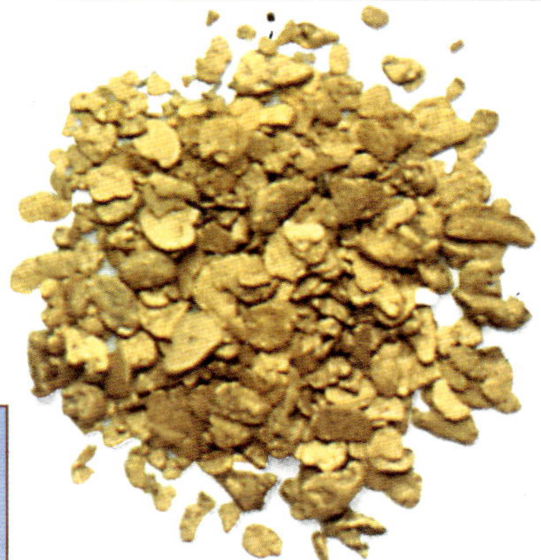

Die Verlockungen des Goldes
Gold ist ein Metall, das seit frühesten Zeiten wegen seiner Schönheit für außerordentlich wertvoll gehalten wurde. Bis in die Mitte des 14. Jahrhunderts kam das meiste Gold in Form von Körnchen oder Goldstaub aus Westafrika. Moslemische Händler und Abenteurer zogen mit kostbarsten Gütern in diese Gegend und kehrten mit Gold und schwarzen Sklaven in den Nahen Osten und nach Europa zurück.

Häfen und Lager
Handelswaren wechselten auf den Handelsstraßen häufig den Besitzer und wurden unter Umständen auch zeitweise gelagert, bis sich die Möglichkeit zum Weitertransport z. B. per Schiff ergab. Hormus (unten) war ein solcher befestigter Handels- und Lagerplatz am Persischen Golf. Marco Polo besuchte Hormus im 13. Jahrhundert.

Der Seidenhandel

Die Seidenproduktion begann vor mehr als 4500 Jahren im Norden Chinas. 2000 Jahre lang war die Herstellung ein gut gehütetes Geheimnis. Seidenfäden werden aus dem Kokon der Seidenraupe gewonnen, in den sie sich zu ihrem Schutz einspinnt. Die Seidenfäden werden abgerollt, versponnen und auf Webstühlen zu Seidenstoff gewebt. Seide ist so wertvoll, weil mehr als 2500 Kokons für 500 g Garn abgerollt werden müssen.

Die Seidenstraßen

Die Kaufleute schlossen sich in Gruppen zusammen und bildeten mit ihren Lasttieren sogenannte Karawanen. Entlang der Handelswege lagen Rastplätze (oben). Auf Seidenstraßen brachten die Kaufleute die Seide auf schwerbeladenen Kamelen in den Nahen Osten und nach Europa. Tatsächlich handelt es sich bei der antiken Seidenstraße um mehrere Routen, die zwischen den Wüsten und Gebirgen Indiens und Zentralasiens hindurchführten. Die ersten westlichen Händler erkundeten die Wege im 1. Jahrhundert n. Chr.

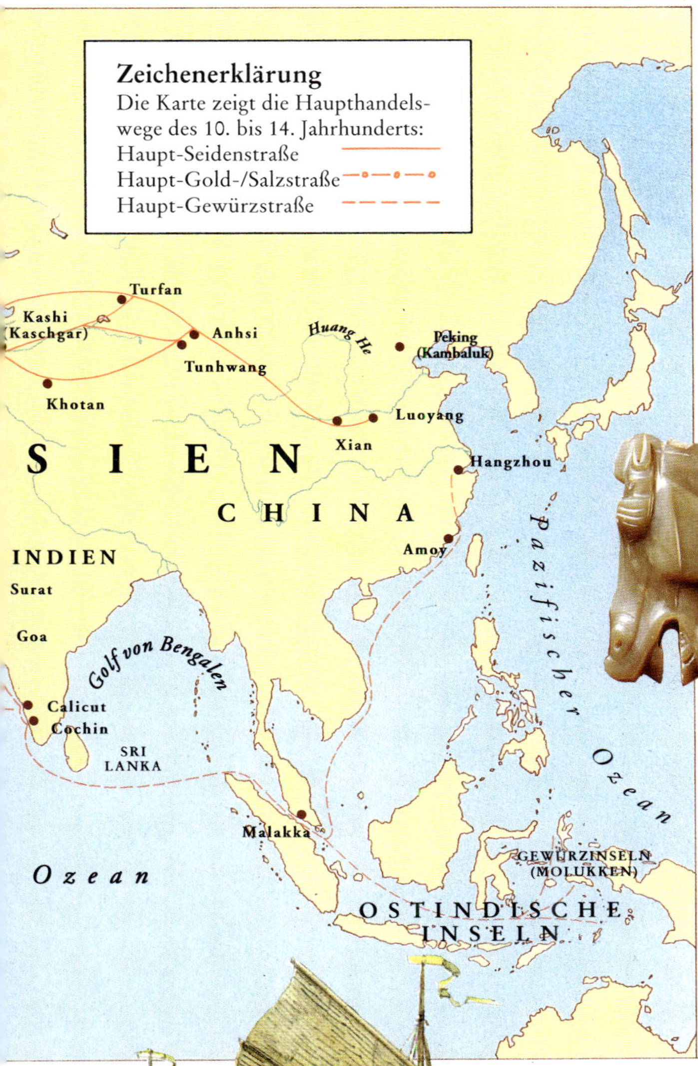

Jade und Porzellan

Westliche Händler bekamen für ihr Gold auch Porzellan und Schnitzereien aus Jade, einem grünen Edelstein. Jadeschnitzereien wie dieses Pferd (links) hatten auch in China hohe Preise. Jade galt dort über Jahrhunderte als das kostbarste Material überhaupt. Porzellan, eine feine, durchscheinende Keramik, ist eine chinesische Erfindung aus dem 8. Jahrhundert. In Europa wurde viel Geld für chinesisches Porzellan gezahlt.

Der Gewürzhandel

Als die Königin von Saba den wohlhabenden König Salomon besuchte, kam sie – so berichtet die Bibel – »mit Kamelen, die viel Spezereien (Gewürze) und Gold trugen und Edelsteine«. Gewürze waren einmal für die Völker des Ostens genauso wertvoll wie Gold. In Europa waren sie notwendig für die Zubereitung von Fleisch, das in Salz gelagert worden war. Die meisten gebräuchlichen Gewürze stammten von Wildpflanzen im Fernen Osten. Pfeffer wurde so wertvoll, daß er zeitweise als Zahlungsmittel sowohl im Osten als auch im Westen benutzt wurde.

Muskat

Die Holländer bekamen das Monopol im Handel mit diesem wertvollen Gewürz (links), als sie im 17. Jahrhundert die Kontrolle über die Inseln übernahmen.

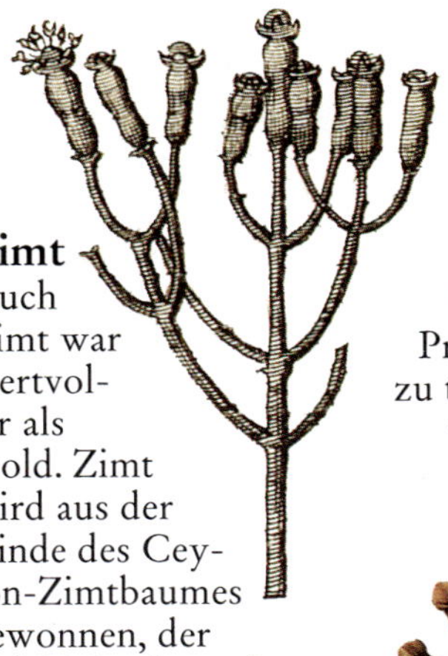

Gewürznelken

Dieser Baum wuchs einmal überall auf den Ostindischen Inseln. Um den Preis in die Höhe zu treiben, wurden viele abgeholzt.

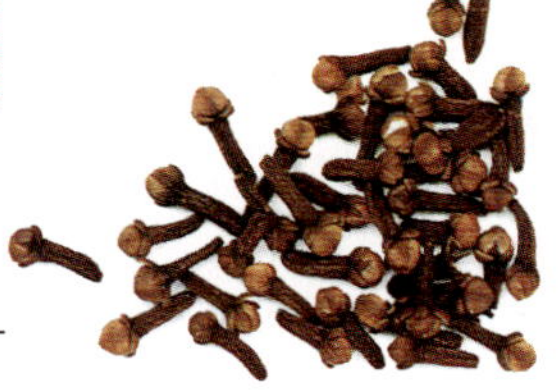

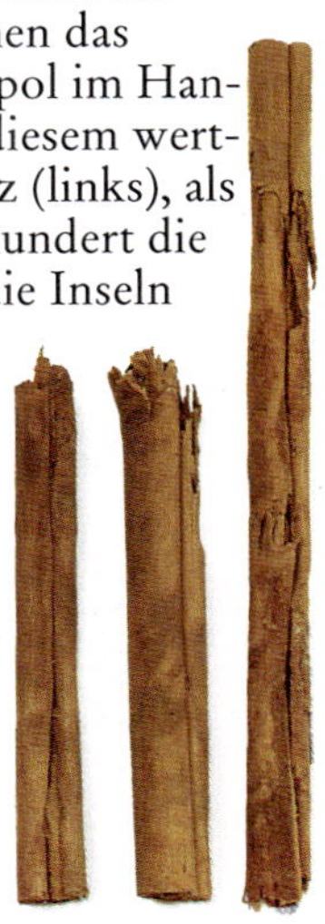

Zimt

Auch Zimt war wertvoller als Gold. Zimt wird aus der Rinde des Ceylon-Zimtbaumes gewonnen, der auf Sri Lanka, auf den Westindischen Inseln und in Brasilien wächst.

Pfeffer

Pfefferkörner sind Früchte des Pfefferstrauches, der in den Regenwäldern an der Südwestküste Indiens wächst. Pfeffer wird dort seit mehr als 2000 Jahren angebaut.

Gewürzstraßen

Gewürze gelangten auf verschiedenen Wegen nach Westen. Die Gewürze der Königin von Saba kamen wahrscheinlich auf chinesischen Dschunken (oben) von Südostasien durch den Golf von Bengalen und dann auf arabischen Dhaus über das Arabische Meer. Andere Seerouten folgten dem Roten Meer nach Alexandria oder führten entlang der indischen Küste bis Hormus. Erst mit der Entdeckung des Seewegs um Afrika Ende des 15. Jahrhunderts änderte sich der Handelsverkehr zu den Gewürzinseln.

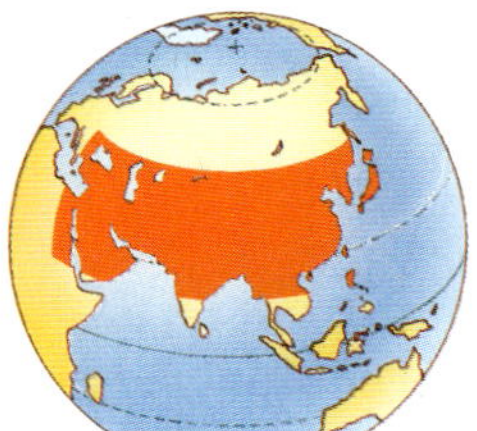

Marco Polo in China

Die wichtigsten Luxusgüter im Europa des Mittelalters – Gewürze und Seide – kamen aus dem Fernen Osten. Aber trotz der über Jahrhunderte andauernden Handelsbeziehungen zwischen Ost und West wußten die beiden Kulturen nur wenig voneinander. Asiatische Kaufleute brachten Waren aus dem Fernen Osten bis zum Persischen Golf oder zum Schwarzen Meer. Die Güter wurden entweder über Land oder über See südlich um Asien herum transportiert. Arabische Händler beförderten die Waren zu den Mittelmeerhäfen, wo europäische Kaufleute sie erwarben. Der Transport auf diesen verschlungenen Wegen war notwendig, weil die direkte Route durch islamische Länder in Zentralasien führte, wo eine freie Durchreise verhindert wurde. Dies änderte sich erst im 13. Jahrhundert, als die Mongolen unter Dschingis Khan weite Landstriche eroberten und sich ihr Reich von Osteuropa bis China erstreckte. Damit wurde die Region befriedet, so daß die Kaufleute ungehindert reisen konnten. Zu den ersten Europäern, die diese Möglichkeit nutzten, gehörten die venezianischen Brüder Polo, die 1260 nach China aufbrachen.

Die Polos reisen ostwärts
Im 13. Jahrhundert war Venedig die reichste Stadt Europas. Das verdankte sie ihren Handelsbeziehungen mit dem Fernen Osten. Als die Mongolen den direkten Handelsweg öffneten, machten sich venezianische Kaufleute erstmals nach China auf. 1260 reisten Niccolo und Maffeo Polo bis Kambaluk (heute Peking).

Marco Polo 1254-1324

Marco Polo
1271 unternahmen die Polos eine zweite Reise in den Osten. Diesmal nahmen sie Niccolos sechzehnjährigen Sohn Marco mit. Obwohl er nicht der einzige Europäer seiner Zeit in Asien war – seine Reise war doch einzigartig. Er blieb 20 Jahre am Hof Kublai Khans und reiste weite Strecken durch das gewaltige Mongolenreich. Auf der Heimfahrt schrieb er ein faszinierendes Buch über seine Erlebnisse.

Durch die Wüste Lop
Die europäischen Kaufleute brauchten normalerweise ungefähr sechs Monate, um per Pferd, Kamel oder Esel durch Zentralasien nach China zu gelangen. Die Polos kamen ungehindert voran, weil sie »Pässe« von Kublai Khan hatten, in Form von Goldplättchen. Sie mußten die Wüste Lop durchqueren, die ein Teil der Wüste Gobi ist. Man glaubte, daß dort Geister hausen. Nachts hörten die Reisenden seltsame Laute wie Stimmen oder Trommelschläge, die aber natürliche Ursachen hatten.

Am Hof des Großkhans

Kublai Khan empfing die Polos zunächst in seinem großartigen Sommerpalast in Shangdu. Er begrüßte sie herzlich, war aber enttäuscht, daß sie allein gekommen waren. Er hatte gehofft, daß sie christliche Priester mitbringen würden, die ihre magischen Fähigkeiten vorführen würden. Niccolo stellte Marco als »meinen Sohn und Euren Diener« vor. Marco stand die folgenden 20 Jahre in den Diensten des Kublai Khan. Er wurde ein großer Verehrer dieses Herrschers.

Nach Marco Polos Aussage benötigt man einen Monat, um die Wüste Gobi zu durchqueren. Sie ist eine gebirgige Fels- und Sandwüste, eine lebensfeindliche Gegend der Erde.

Kambaluk

Kambaluk war Kublai Khans Hauptstadt in China. Sie war an die Stelle der alten mongolischen Hauptstadt Karakorum getreten. Kambaluk wurde von einer hohen, 30 km langen weißen Mauer umgeben. Die Straßen verliefen rechtwinklig zueinander, so daß die Stadt wie ein Schachbrett eingeteilt war.

Die Große Chinesische Mauer wurde zum Schutz Chinas gebaut. Aber sie konnte nicht die starken mongolischen Armeen abwehren. Zur Zeit Marco Polos beherrschte der mongolische Großkhan Gebiete beidseitig der Mauer.

Geschichten von Ungeheuern

Die Europäer des Mittelalters glaubten den Berichten über Ungeheuer und seltsame Menschen (links). Marco Polos Beschreibungen waren glaubwürdiger als andere, aber auch er berichtet nicht immer die Wahrheit.

Marco Polo berichtet von seinen Reisen

Kurz nach seiner Rückkehr wurde Marco Polo von den Genuesern gefangengenommen, die Krieg gegen Venedig führten. Im Gefängnis schrieb der Mitgefangene Rustichello Marcos Geschichten auf. Manches »Märchen« in Marco Polos Bericht mag von ihm eingeflochten worden sein, um die Geschichte spannender zu machen.

Die Polynesier

Die Europäer begannen vor ungefähr 200 Jahren, den Pazifischen Ozean und seine Inseln zu erforschen. Sie waren erstaunt, daß die Bewohner der Tausende von Kilometern entfernten Inseln annähernd die gleiche Sprache und Kultur hatten. Sie mußten dieselben Vorfahren haben. Woher aber kamen diese Vorfahren? Wie kam es dazu, daß sie die winzigen Inseln besiedelten, die über den riesigen Pazifik verstreut lagen? Das sogenannte »Polynesische Dreieck« reicht von Hawaii im Norden nach Neuseeland im Süden und zu der Oster-Insel im Osten. Die Polynesier – so heißen die Menschen dieser Region – haben keine schriftliche Geschichte. Trotzdem gibt es einige Hinweise auf ihre Herkunft. Die meisten Experten glauben heute, daß die Ahnen der Polynesier vor ein- bis dreitausend Jahren aus Indonesien und Malaysia einwanderten. So ähnelt die Sprache der Polynesier der malayischen. Einige ihrer Haustiere stammen aus Südostasien, genauso wie die Feldfrüchte, die die Polynesier im 18. Jahrhundert anbauten. Auch die Maori auf Neuseeland sind Polynesier.

Lapita
Die Vorfahren der Polynesier stellten eine bestimmte Art gemusterter Keramik her, Lapita genannt. Auf einigen Südseeinseln wurden nahezu 2000 Jahre alte Scherben und Werkzeuge zur Keramikherstellung gefunden. Seitdem Archäologen das ungefähre Alter dieser Scherben bestimmen können, kann man die Ausbreitung der »Lapita-Gruppe« der Polynesier über die Inselgruppen nachvollziehen.

Zeichenerklärung
Fundorte von Lapita-Keramik
Fundorte von Süßkartoffeln
»Kon-Tiki«-Expedition 1947

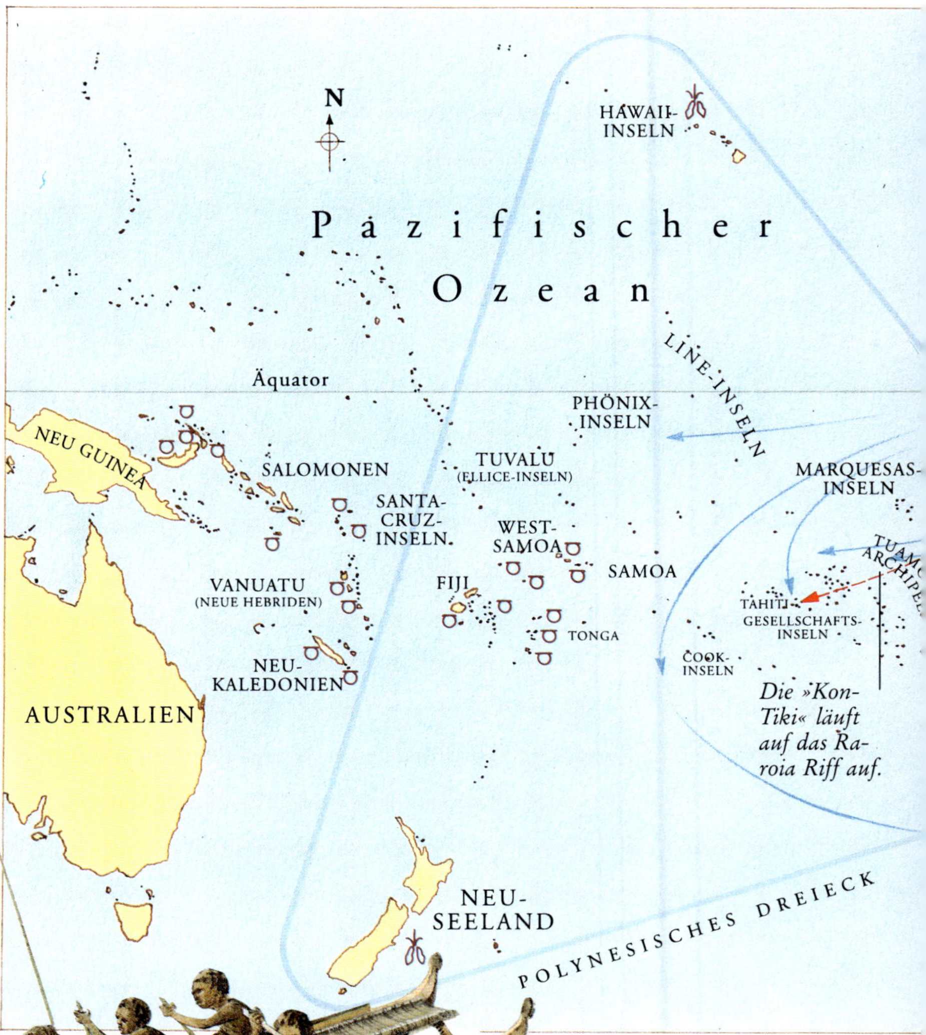

Navigationstechniken
Die Ahnen der Polynesier fanden einige der Inseln, die sie besiedelten, durch Zufall. Sie hatten aber trotzdem hervorragende Kenntnisse von Navigation und waren sehr gute Schiffbauer. Sie hatten weder Karten noch Navigationsinstrumente, aber sie konnten den Wechsel der Winde und das Muster der Wellen »lesen« und ihren Kurs nach der Sonne und den Sternen bestimmen. Jede Insel hatte ihren Leitstern, der von Tahiti war Sirius.

Eine Seekarte aus Stöcken
Die Polynesier gaben ihr Wissen über die Lage der Pazifikinseln mit Hilfe einer Seekarte aus Palmenzweigen weiter (unten). Mit Kokosfasern zusammengebunden, stellte der Rahmen einige tausend Quadratkilometer des Ozeans dar. Die darin befestigten Muscheln kennzeichnen die verschiedenen Inselgruppen. Es ist nicht bekannt, seit wann die Polynesier diese Karten hatten. Bei der Besiedlung Polynesiens existierten sie sicher noch nicht. Diese frühen Entdecker haben sich vielleicht am Flug von Vögeln orientiert, der ihnen die Richtung zum Land wies.

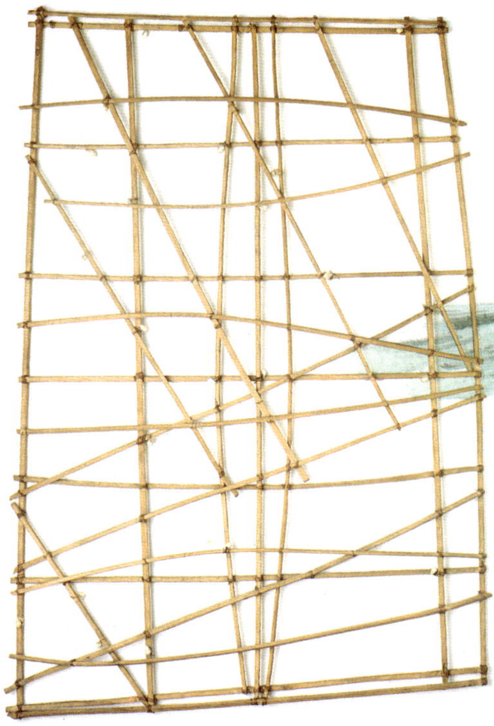

Schmuck der Boote
Schnitzereien wie dieser Fregattvogel zierten die polynesischen Kanus. Fregattvögel sind sehr geschickte Flieger, die bis dicht über die Oberfläche des Meeres herabstoßen, um ihre Beute zu fangen.

Seetüchtige Kanus
Die Polynesier bauten viele verschiedene Typen seetüchtiger Boote. Einige waren Einrumpf-Kanus. Sie entstanden aus einem ausgehöhlten Baumstamm oder aus Planken, die mit Fasern zusammengebunden waren. Andere, wie das Hawaiianische Doppelrumpf-Kanu (oben), hatten wie ein Katamaran zwei miteinander verbundene Rümpfe. Die Kanus hatten sowohl Segel als auch Ruder. Kapitän Cook vermaß 1770 ein Maori-Kanu und stellte fest, daß es einen Meter länger war als das Schiff, mit dem er um die Welt segelte.

Die Süßkartoffel

Obwohl die Süßkartoffel aus den tropischen Regionen Amerikas stammt, wächst sie in Neuseeland, auf Hawaii und anderen polynesischen Inseln. Wie ist sie dahin gelangt? Einige Wissenschaftler meinten, daß der Anbau von Süßkartoffeln ein Indiz dafür sei, daß die polynesischen Siedler nicht aus Asien, sondern aus Südamerika kamen, z. B. aus Peru. Konnten die Peruaner des Altertums die große Strecke über den Pazifik zurücklegen? Der norwegische Wissenschaftler und Abenteurer Thor Heyerdahl bewies, daß es möglich war. 1947 unternahm er eine Expedition mit einem Floß, das den altperuanischen Flößen nachgebaut war. Damit bewältigte er die Strecke von Peru zum Tuamotu-Archipel.

Die »Kon-Tiki«-Expedition

Das 1947 von Thor Heyerdahl gebaute Floß wurde nach dem peruanischen Sonnengott Kon-Tiki benannt. Nach der Überlieferung zog der Sonnengott vor 1500 Jahren von Peru zu den Pazifikinseln. Nach altperuanischem Vorbild war die »Kon-Tiki« aus Balsaholz-Stämmen und hatte ein Deck aus Bambus. Von den Meeresströmungen getrieben, segelte Thor Heyerdahl mit seiner Mannschaft 6900 km von der Küste Perus zum Tuamotu-Archipel. Die Fahrt dauerte 101 Tage, und bei der Ankunft glich das Floß einem Wrack. Trotzdem war bewiesen, daß die Peruaner Polynesien hätten erreichen können. Inzwischen gehen die Wissenschaftler davon aus, daß polynesische Seefahrer nach Südamerika segelten und die Süßkartoffel mit zurück auf ihre Inseln brachten.

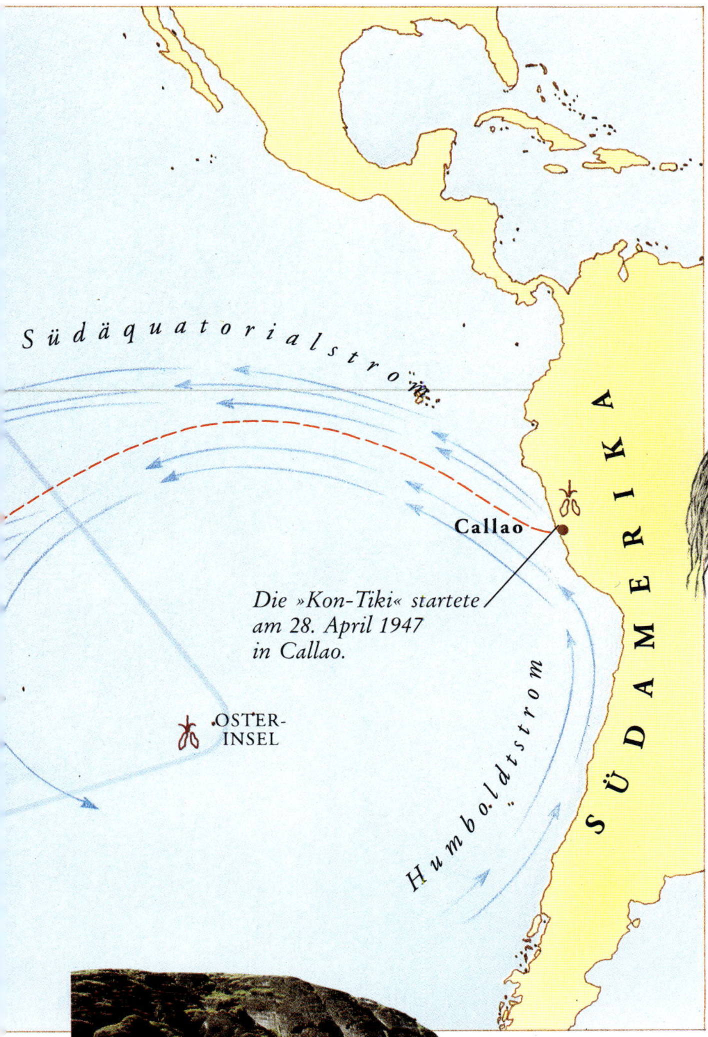

Die Maori

Nach der Überlieferung kamen die Maori von den Marquesas-Inseln nach Neuseeland. Die Einwanderung nach Neuseeland wurde um 1350 abgeschlossen, als mit einer »Großen Flotte« – so die Überlieferung – ein letzter Schub Siedler kam. Die Maori lebten in einzelnen Stammesverbänden in jeweils eigenen Gebieten und Dörfern. Ein Maori-Häuptling trug die traditionelle Kopfbedeckung aus Federn und die Tätowierung seines Stammes (siehe oben).

Befestigungen der Maori

Das Bild oben zeigt eine Maori Siedlung am Mount Egmont in Neuseeland. Die Maori lebten in befestigten Dörfern, zumeist auf Erhebungen, damit sie ihre Feinde schon frühzeitig sehen konnten. Außerdem hielten sie ihre Kriegskanus ständig in Bereitschaft. Obwohl die Maori häufig im Krieg miteinander lagen, feierten die verschiedenen Stämme im Frieden gemeinsam Feste.

Die Oster-Insel

Am Ostersonntag 1722 entdeckte der holländische Kapitän Jacob Roggeveen eine kleine Insel im Ostpazifik – die Oster-Insel. Sie wurde um das Jahr 400 besiedelt. Dieses kleine, grasbewachsene Eiland – nur 38 km an der breitesten Stelle – ist der abgelegenste Fleck der Erde. Die nächste Pazifikinsel ist 1600 km entfernt, das chilenische Festland sogar 3218 km. Die Bewohner der Oster-Insel glaubten, daß sie die einzigen Menschen auf der Erde seien. Ihre Kultur entwickelte sich eigenständig. Sie hatten eine hochentwickelte Technik der Steinbearbeitung.

Die Wächter der Oster-Insel

Als Jacob Roggeveen 1722 die Oster-Insel entdeckte, fand er Hunderte riesiger Steinskulpturen, die an der Küste der Insel aufgestellt waren. Die Figuren (links) werden *Moai* genannt und sind aus weichem vulkanischem Gestein, schwarzem Tuff, geschnitten. Manche haben Hauben oder Kronen aus rötlichem Stein. Es gibt etwa 600 *Moai*; sie sind bis zu 20 m hoch und wiegen bis zu 45 t. Nach der Fertigstellung wurden sie vom Steinbruch zu ihrem Standplatz bewegt. Das war eine Steinplatte über einem Grab, die *ahu* genannt wird. Man weiß wenig über die geheimnisvollen Standbilder. Möglicherweise waren sie Totenwächter, oder sie verkörperten die Seelen der Toten. Es ist auch nicht genau bekannt, wie sie transportiert wurden. Wahrscheinlich wurden sie mit Seilen in Kipp- und Kantbewegungen gebracht.

Navigation

Die frühen europäischen Seefahrer suchten sich ihren Kurs in unbekannten Gewässern, indem sie in der Nähe der Küsten blieben und sich an Landmarken orientierten. Als sie sich auf das offene Meer wagten, brauchten sie verläßlichere Methoden der Navigation. Navigieren heißt, die Position eines Schiffes zu berechnen und die Richtung zu bestimmen, in der man sein Ziel auf dem kürzesten Weg erreicht. Die Natur bot den frühen Seefahrern einige Anhaltspunkte. Im Mittelalter stellte man fest, daß sich am Stand des Polarsterns oder am Lauf der Sonne ermitteln ließ, wie weit nördlich oder südlich man sich befand.
Im 15. Jahrhundert hatten die Seefahrer einige Instrumente entwickelt, mit denen sie ihren Kurs bestimmen konnten. Der Kompaß ermöglichte es, eine festgelegte Richtung einzuhalten, und das Astrolabium oder der Quadrant erlaubten die Berechnung der eigenen Position. Viele dieser Geräte waren noch sehr ungenau, aber mit den Fortschritten in der Seefahrt wurden auch sie immer präziser.

Frühe Navigationskunst

Vor der Erfindung von Navigationsinstrumenten steuerten die Entdecker aufgrund von Erfahrungen und Intuition. Ihre Kenntnis von Winden und Strömungen nutzten sie zur Schätzung von Entfernungen und der Bestimmung ihres Kurses. Manchmal gaben der Flug bestimmter Seevögel oder Treibholz Hinweise auf die Nähe von Land. So freuten sich die Seeleute, wenn sie einen Fregattvogel sahen, weil dieser nicht auf dem Wasser ausruhen kann und daher das Ufer nah sein mußte.

Breite und Länge

Heute läßt sich jeder Punkt auf der Erde durch ein System von gedachten Linien bestimmen. Die Linien heißen Breiten- und Längenkreise. Die Breitenkreise umlaufen die Erdkugel von Ost nach West und werden in Grad nördlich oder südlich des Äquators gemessen. Die Längenkreise laufen vom Nord- zum Südpol und werden in Grad westlich oder östlich vom Nullmeridian gemessen.

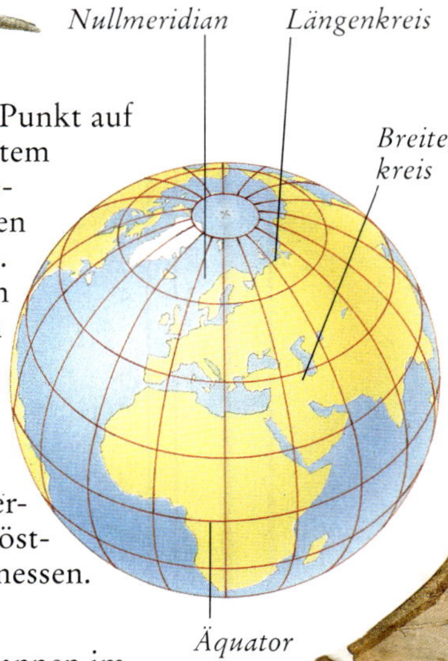

Berechnungen

Europäische Seefahrer begannen im Mittelalter, ihre Position in Breitengraden zu berechnen. Man stellte am Mittag die Höhe der Sonne über dem Horizont fest oder in der Nacht den Stand des Polarsterns. Die Bestimmung des Längengrades wurde mit der Erfindung des Chronometers möglich. Aus der Differenz zwischen der Greenwich-Zeit, die der Chronometer anzeigte, und der Ortszeit berechnete man seine Länge. Zunächst war das nur um 12 Uhr mittags Ortszeit möglich, dem Zeitpunkt des höchsten Standes der Sonne.

Die Sanduhr

Früher wurde die Zeit an Bord eines Schiffes mit einer Sanduhr, dem »Glas«, gemessen. Ein Halbminuten-Glas zusammen mit einem Log erlaubte die Bestimmung der Geschwindigkeit des Schiffes: Das Log war ein Stück Holz, das sich an einer Schnur befand, die in regelmäßigen Abständen Knoten hatte. Dieses Log wurde hinter dem Schiff ausgeworfen. Dann zählte man, wieviele Knoten das Schiff in der halben Minute weiterfuhr. Die Geschwindigkeit ergab sich aus Strecke und Zeit.

Der Kompaß

Die Erde hat wie ein riesiger Magnet zwei magnetische Pole: den Nord- und den Südpol. Deshalb zeigt eine freibewegliche Nadel aus magnetisiertem Eisen immer nach Norden. Auf diesem Prinzip beruht der magnetische Kompaß. In Europa wurde der Kompaß erst um 1200 entwickelt, der oben gezeigte ist ein italienischer aus dem 16. Jahrhundert. Magnetische Kompasse waren nicht sehr zuverlässig. Eiserne Gegenstände in der Umgebung konnten die Nadel ablenken.

Der Kreuzstab

Der Kreuzstab wurde benutzt, um den Breitengrad anhand der Höhe eines Sterns zu berechnen. Man richtete den Stab auf den Horizont und drehte den beweglichen Arm in eine Linie mit dem Stern, wie unten gezeigt. Der lange Stab hatte eine Gradskala, und der Winkel des beweglichen Arms zeigte die Höhe des Stern über dem Horizont. Der Kreuzstab war einfacher zu bedienen als das Astrolabium. Man konnte es tagsüber aber nicht benutzen, weil das menschliche Auge nicht direkt in die Sonne blicken kann. Eine Weiterentwicklung, der englische Quadrant, löste das Problem. Man konnte von der Skala mit dem Rücken zur Sonne ablesen.

Das Astrolabium

Das Gerät diente zur Bestimmung der Höhe der Sonne am Mittag. Daraus konnte man den Breitengrad errechnen. Das Astrolabium besteht aus einer Scheibe, die auf dem Rand eine Gradskala hat, und einem beweglichen Arm mit einer Art Visier aus zwei Löchern an jedem Ende. Man richtete das Astrolabium auf den Horizont aus und drehte den Arm, bis das Sonnenlicht durch beide Löcher fiel. Auf der Skala las man die Höhe der Sonne über dem Horizont in Grad ab.

Das Nokturnal

Das Nokturnal wurde um 1550 erfunden und diente zur Zeitmessung bei Nacht. Man visierte durch ein Loch im Mittelpunkt des Instruments den Polarstern an und drehte den Zeiger, bis er auf zwei andere Sterne im Sternbild um den Polarstern ausgerichtet war. Auf einer Scheibe in der Mitte konnte man die Zeit ablesen. Die Messung war bis auf zehn Minuten genau.

Vom Quadrant zum Oktant

Der Quadrant war eines der ersten Geräte zur Messung der Höhe von Sternen über dem Horizont. Er bestand aus einem Viertelkreis (»Quadrant«) aus Messing und einem Lot, das vom Schnittpunkt der Kreisradien herabhing. Eine der geraden Seiten hatte an jedem Ende ein kleines Loch als Visier zum Anpeilen der Sterne. Das Lot zeigte die Höhe des Sterns in Grad auf der Skala am unteren Rand an. Der Oktant (links) wurde um 1730 erfunden. Er war ein verbesserter Quadrant mit zwei Spiegeln. Durch Verschieben des Arms brachte man das Spiegelbild des Sterns mit dem Spiegelbild des Horizonts in Übereinstimmung. Der Arm zeigte dann auf der Skala die Gradzahl an.

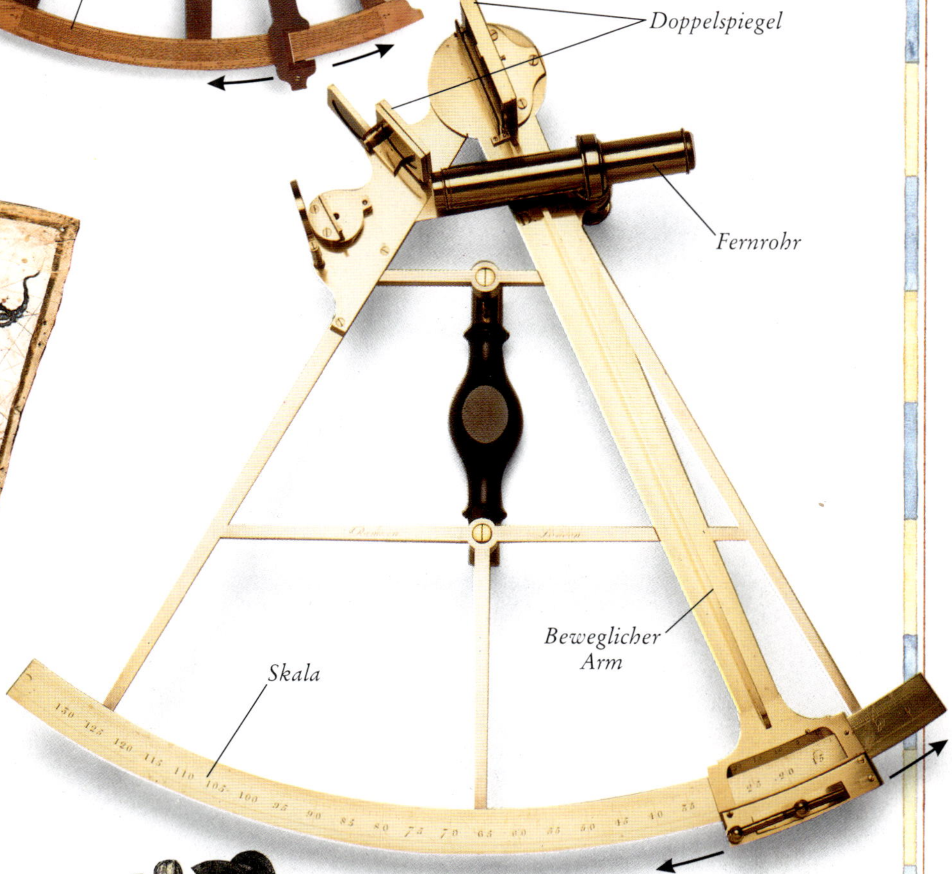

Portolan chart

Die frühesten Seekarten wurden Portolan charts genannt und waren auf Ziegenhaut gezeichnet. Diese Karten zeigten Orte und Landmarken entlang der Küsten und waren mit Richtungslinien versehen. Dazu hatten sie dekorative Kompasse, bekannt als »Kompaßrosen« oder »Windrosen«. Besonders genau waren die Karten nicht. Im 16. Jahrhundert hatten die Portugiesen viele solcher Karten. Diese Karte vom Mittelmeer wurde ungefähr 1555 angefertigt.

Der Sextant

Der Sextant (oben) ersetzte gegen Ende des 18. Jahrhunderts den Quadranten. Er wird auch heute noch benutzt, um den Stand der Sterne zu bestimmen. Durch einen Doppelspiegel und ein Fernrohr ist die Genauigkeit gegenüber dem Quadranten verbessert worden. Im Gegensatz zu den Vorläufern kann er auch Winkel über 90° messen. Der oben gezeigte Sextant wurde in England konstruiert. Kapitän Cook benutzte ihn 1770 auf seiner dritten Reise.

Das Chronometer

Die Erfindung des Chronometers im 18. Jahrhundert bedeutete eine enorme Erleichterung der Navigation auf See. Ein Chronometer ist eine Präzisionsuhr, die trotz Erschütterungen bei langen Seereisen genau geht. Ein auf Greenwich-Zeit eingestelltes Chronometer ermöglicht die Bestimmung der Längenposition eines Schiffes. Dieses Chronometer aus dem 19. Jahrhundert begleitete den Südpolarforscher Ernest Shackleton 1914 auf seiner Expedition.

Moderne Navigationstechniken

Im 20. Jahrhundert konnten die Methoden der Navigation gewaltig verbessert werden. 1908 wurde der Kreiselkompaß erfunden, der immer genau nach Norden zeigt und vom Magnetismus nicht abgelenkt wird. Die wichtigste Neuerung war aber die Erfindung des Radios um 1900. Nun wird die Zeit über Radio gesendet. Schiffe können miteinander in Kontakt treten. Die weltweite Kommunikation und die Positionsbestimmungen an jedem Ort werden heute durch die Signale der Satelliten im Weltraum gewährleistet (rechts).

Die Portugiesen

Das Zeitalter der großen Entdeckungen von Europa aus begann im 15. Jahrhundert. Die Portugiesen waren die Vorreiter und wagten als erste längere Seereisen in unbekannte Gewässer. Nach jahrhundertelangen Kämpfen hatten sie 1415 die Moslems aus ihrem Königreich im äußersten Südwesten Europas vertrieben. Sie verfolgten sie bis nach Nordafrika und hörten hier erstmals Geschichten über Goldminen, die tief in Westafrika verborgen sein sollten. Prinz Heinrich von Portugal, genannt »der Seefahrer«, war von diesen Geschichten fasziniert und schickte seine Schiffe auf Entdeckungsfahrten nach Süden, die afrikanische Westküste entlang. 1453 blockierte das Osmanische Reich (damals eine türkische Großmacht) den Landweg in den Fernen Osten und damit den Handel. Die portugiesischen Fahrten nach Süden hatten damit eine weitere bedeutende Aufgabe, nämlich einen Seeweg zu den Reichtümern Indiens zu finden. Die ersten Expeditionen tasteten sich langsam die Küste entlang nach Süden vor. Die portugiesischen Kapitäne errichteten dabei an der Küste Steinsäulen, sogenannte *padroes*. Sie dienten zur Orientierung und sollten ihr Vorankommen dokumentieren. Gegen Ende des 15. Jahrhunderts war es dann Vasco da Gama, der die erste Seeverbindung zwischen Europa und Indien fand.

Karten vom Unbekannten

Die Weltkarten des 15. Jahrhunderts beruhten auf dem Werk von Claudius Ptolemäus, einem Geographen der Antike, der schon über 1200 Jahre tot war. Die Ptolemäische Karte ist für Europa und den Mittelmeerraum schon sehr genau, aber von Afrika wird nur die nördliche Hälfte gezeigt. Die Portugiesen umsegelten als erste die Südspitze Afrikas, hielten aber die Aufzeichnungen darüber geheim. Die Vorteile dieses Seewegs in den Fernen Osten wollte Portugal für den eigenen Handel sichern.

Diogo Cão

1485 erreichte Diogo Cão Kap Cross und stellte ein *padrao* mit dem Wappen des portugiesischen Königs Johann II. auf. Cão war weiter nach Süden vorgedrungen als alle portugiesischen Seefahrer vor ihm. Frühere Kapitäne waren nur kurze Strecken entlang der Küste gesegelt, um durch Handel schnell Gewinn zu machen und um sicher zurückzukehren. Cão war dagegen einer der ersten, der auch in der Erforschung der afrikanischen Küste eine Aufgabe sah.

Die portugiesischen Karavellen

Die wagemutigen portugiesischen Seereisen des 15. Jahrhunderts wurden erst möglich durch die Entwicklung der Karavelle. Eine Karavelle war nur etwa 20 m lang, und bot Platz für 25 Mann Besatzung. Zunächst wurden sie für die Küstenschiffahrt benutzt und hatten eine Lateinerbesegelung (dreieckige Segel). Für die Hochseeschiffahrt erwies sich die Rahbesegelung (rechteckige Segel) als vorteilhafter. Damit waren die Schiffe auf hoher See bedeutend schneller.

Der Kompaß

Die Portugiesen verfügten im 15. Jahrhundert über wenige Navigationsinstrumente. Eines davon war der magnetische Kompaß, eine einfachere Version als dieses Modell aus dem 18. Jahrhundert.

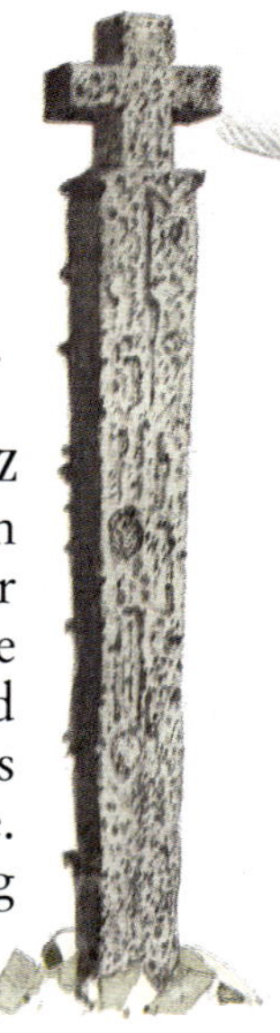

Bartolomeu Diaz

Diaz wurde beauftragt, das Werk von Diogo Cão weiterzuführen. Auch er stellte *padroes* wie diesen entlang der Küste auf. Er segelte weiter nach Süden als Cão und war der erste Portugiese, der die Südspitze Afrikas umsegelte und 1488 den Indischen Ozean erreichte. Diaz wollte noch weiter segeln und versuchen, den Weg nach Indien zu finden. Seine erschöpfte und ängstliche Mannschaft zwang ihn aber zur Umkehr.

Da Gama ca. 1460-1524

Vasco da Gama

Nachdem Diaz den Indischen Ozean erreicht hatte, entsandten die Portugiesen Vasco da Gama mit einer Handelsexpedition. 1498 kam er nach Calicut – er war der erste Europäer, der Indien auf dem Seeweg erreichte. Da Gama konnte den Portugiesen keine Anteile am Indienhandel sichern, weil mächtige moslemische Kaufleute diesen unter sich aufteilten.

Handelswaren

Dieses geschnitzte Salzfaß aus dem 16. Jahrhundert zeigt einen portugiesischen Kapitän und seine Mannschaft.

Das Kap der Guten Hoffnung, die stürmische Südspitze Afrikas, wurde 1488 von Diaz umrundet.

Vasco da Gama in Indien

Vasco da Gama erreichte 1498 Calicut in Indien. Als er Handelsbeziehungen aufnehmen wollte, war er wegen fehlender Geschenke in keiner guten Position. Außerdem stellte er fest, daß der Indienhandel in den Händen arabischer Kaufleute lag. Einige Jahre später versuchten die Portugiesen mit stärkeren Schiffen und mit Waffen, den Handel mit Indien gewaltsam zu übernehmen. Vasco da Gama kehrte 1502 nach Indien zurück. Er zerstörte eine moslemische Flotte als Vergeltung für den Mord an einem portugiesischen Händler.

Kolumbus und die neue Welt

Während die Portugiesen versuchten, dem Seeweg um Afrika herum nach Asien zu finden, hatte der Genueser Seefahrer Christoph Kolumbus eine andere Idee. Er wußte, daß die Erde eine Kugel ist, und war überzeugt, nur nach Westen segeln zu müssen, um irgendwann nach Asien zu kommen. Kolumbus hatte die Königin und den König von Spanien von dieser Idee überzeugt, und sie finanzierten ihm die Reise. 1492 stach Kolumbus in See.

Damals stellten sich die Menschen die Erdkugel viel kleiner vor, als sie in Wirklichkeit ist. Sie glaubten, daß die bekannten Kontinente (Europa, Afrika und Asien) eine Landmasse bilden, die sich über den größten Teil der Erde erstreckt. Sie wußten nichts von der Existenz Amerikas. So war das Unternehmen von Kolumbus eins der größten Mißverständnisse in der Geschichte der Erforschung der Erde und doch eine der bedeutendsten Entdeckungsfahrten überhaupt. Kolumbus stieß ungefähr dort, wo er Asien vermutete, auf einige Inseln. Er war überzeugt, die »ostindischen« Inseln vor dem asiatischen Festland gefunden zu haben. Viermal überquerte er in seinem Leben den Atlantik, ohne zu erkennen, daß er nicht Asien sondern eine »Neue Welt« entdeckt hatte.

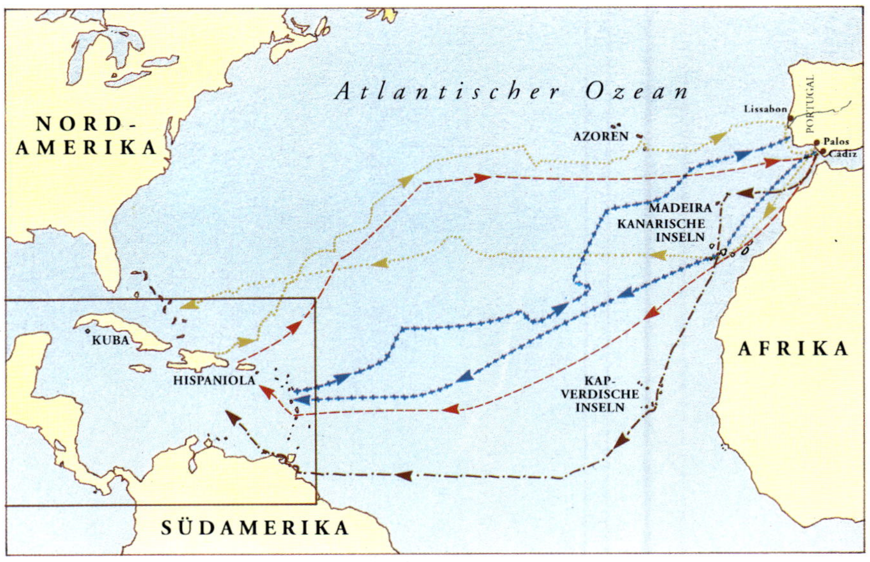

Die Atlantikfahrten (1492-1504)
Diese Karte zeigt die Routen des Kolumbus' über den Atlantik. Auf der ersten Fahrt fand er Watling Island (heute San Salvador), Kuba und Hispaniola. Auf der zweiten gründetete er Siedlungen auf Hispaniola und erkundete Jamaika. Die dritte Fahrt führte ihn nach Trinidad. Bei seiner vierten und letzten Reise 1502 erreichte er Mittelamerika.

Zeichenerklärung
Christoph Kolumbus

1. Fahrt	1492-93	1
2. Fahrt	1493-96	5
3. Fahrt	1498-1500	10
4. Fahrt	1502-04	13

Kolumbus 1451-1506

Christoph Kolumbus

Kolumbus wurde in der norditalienischen Hafenstadt Genua geboren, die für ihre geschickten Seefahrer berühmt war. Als junger Mann ging er nach Lissabon in Portugal, das im 15. Jahrhundert Zentrum europäischer Seefahrerkunst war. Während er Seekarten für die Portugiesen zeichnete, entwickelte er seinen großen Plan, auf der Westroute nach Asien zu segeln.

Gebete in einem fremden Land
Das Leben an Bord eines spanischen Schiffes des 15. Jahrhunderts war stark vom christlichen Glauben geprägt. Zweimal täglich wurde zum Gebet gerufen. Die Spanier glaubten, daß nur Christen vollwertige Menschen wären. Hier zelebriert die Mannschaft eine Messe auf der Isla de Pinos, während neugierige Eingeborene verwundert zuschauen.

Die Neue Welt
Als Kolumbus zu den Westindischen Inseln kam, war er enttäuscht, daß er keine reichen arabischen Handelsstädte vorfand, wie er erwartet hatte. Trotzdem machte er interessante Entdeckungen. Die Spanier kosteten unbekannte Nahrungsmittel, so z. B. Ananas, Kartoffeln und Mais, den sie »indisches Korn« nannten. Auf Kuba beobachteten sie mit Verwunderung die Gewohnheit der Arawak-Indianer, getrocknete Blätter der Tabakpflanze zusammenzurollen, anzuzünden und zu rauchen.

Die Schiffe von Kolumbus

Die erste Reise über den Atlantik unternahm Kolumbus mit drei Schiffen. Das größte war die »Santa Maria«, es hatte drei Masten und Rahbesegelung (rechteckige Segel am Vor- und Hauptmast). Bei 40 Mann Besatzung war der Platz an Bord jedoch eng bemessen. Das Essen wurde auf dem offenen Deck zubereitet. Kolumbus selbst hatte nur eine kleine Kabine mit einer Koje, die Mannschaft schlief auf zusammenrollbaren Matten oder zwischen der Ladung. Die beiden anderen Schiffe – »Pinta« und »Niña« – waren viel kleiner.

Kolumbus in Ketten

Kolumbus war ein hervorragender Seemann, aber ein unfähiger Gouverneur. Er fand neue Länder, kümmerte sich aber nicht um die Verwaltung seiner Ansiedlungen. Er machte sich viele Feinde, weil er stolz und prahlerisch war. Bei seiner dritten Fahrt wurde er auf Hispaniola als Gouverneur abgesetzt und in Ketten nach Spanien geschickt. Er blieb einige Wochen in Gefangenschaft, ehe er auf königlichen Befehl wieder freigelassen wurde.

Üppige Vegetation auf St. Lucia, eine der Inseln der Windward-Gruppe – Kolumbus war von der Schönheit dieser Inseln überwältigt.

Die Nordwest-Passage

Der Hauptgrund für die europäischen Entdeckungsfahrten des 15. Jahrhunderts war die Suche nach einem Seeweg für den Handel mit dem Fernen Osten. Die Portugiesen fanden eine östliche Route um die Südspitze Afrikas, die Spanier eine westliche um Südamerika. Beide waren lang und schwierig. Die Engländer und die Holländer suchten andere Wege. Zwei erschienen möglich: nordöstlich an der Küste Sibiriens entlang oder nordwestlich um den amerikanischen Kontinent. Diese Routen wurden bekannt als die Nordost- und die Nordwest-Passage. Die Engländer betrieben vor allem die Suche nach der Nordwest-Passage. Mehr als 300 Jahre lang erkundeten sie die Küste der heutigen Vereinigten Staaten und Kanadas. Im 19. Jahrhundert stand eine Expedition unter Sir John Franklin kurz vor dem Erfolg. Seine Schiffe wurden vermißt und diejenigen, die nach ihm suchten, fanden die Passage. Die Nordwest-Passage wurde aber erst 1906 von dem norwegischen Forscher Roald Amundsen durchfahren. Sie war als Schiffahrtsroute nie von Bedeutung, weil sie das ganze Jahr durch Eis blockiert ist.

John Cabot

Der italienische Seefahrer Cabot glaubte wie Kolumbus, in den Osten zu gelangen, wenn er nach Westen segelt. 1497 brach er auf der »Matthew« auf. Er fand Neufundland in Kanada und glaubte, Asien erreicht zu haben. 1498 unternahm er eine zweite Fahrt, erreichte wieder die amerikanische Küste und kehrte niemals zurück.

Martin Frobisher

Frobisher war ein kühner englischer Abenteurer. 1576 machte er sich auf die Suche nach der Nordwest-Passage. An der kanadischen Küste fand er einen Meeresarm, die heutige Frobisherbai. Dort endete die Suche, weil seine Leute glitzerndes Gestein fanden, das sie für Gold hielten. Zu Hause erfuhren sie jedoch, daß es wertloses Katzengold war.

Frobisher ca. 1535-1594

Die Beechey-Insel in der kanadischen Arktis – hier verbrachte Franklins Expedition den Winter 1845/46.

Hudson ca. 1550-1611

Henry Hudson

Der Engländer Hudson war einer der erfahrensten Seefahrer seiner Zeit. Er unternahm etliche Fahrten auf der Suche nach der Nordost- und der Nordwest-Passage. Er stand in Diensten der Holländer, als er den später nach ihm benannten Fluß Hudson entdeckte. 1610 trat er unter englischer Flagge seine letzte Fahrt an. Von der Suche nach der Nordwest-Passage kehrte er jedoch nicht zurück.

Meuterei in der Hudsonbai

Im August 1610 entdeckte Hudson in Kanada eine Wasserstraße, die ihn in ein großes Binnenmeer führte – die nach ihm benannte Hudsonbai. Als er deren Ostseite erkundete, geriet sein Schiff ins Eis. Hudson machte mit seiner Mannschaft einen schrecklichen Winter durch. Als im Sommer das Eis aufbrach, kam das Schiff frei. Die Mannschaft meuterte in dem Glauben, Hudson habe Vorräte für sich zurückgehalten. Er wurde mit seinem Sohn und sieben treuen Matrosen in einem Boot ohne Ruder ausgesetzt.

Franklin 1786-1847

John Franklin

Sir John Franklin leitete eine Expedition, die die Erkundung der Nordwest-Passage abschließen sollte. Er war sieben Jahre lang Gouverneur von Tasmanien gewesen und hatte das Pensionsalter erreicht. Als Forscher und Marineoffizier hatte er viele Erfahrungen gesammelt. Franklin brach im Mai 1845 auf und kehrte nicht zurück.

Die letzte Nachricht

Diese Aufzeichnungen bieten wichtige Anhaltspunkte über das Schicksal von Franklins Expedition. Sie berichten von Franklins Tod im Jahr 1847 und davon, daß die Schiffe eineinhalb Jahre im Eis festgesteckt hatten. Dann versuchten die Männer, sich durch den Marsch über Land nach Süden zu retten. Keiner konnte überleben.

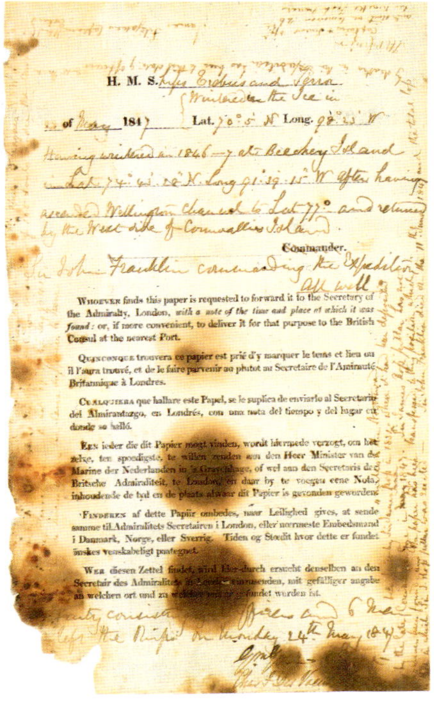

Die Suche nach Franklin

Als man von Franklins Expedition nichts mehr hörte, wurde 1846 eine große internationale Suchexpedition zusammengestellt. 1850 waren 14 Schiffe auf der Suche nach ihm in der Arktis unterwegs, von denen mehrere von Lady Franklin ausgesandt worden waren. Francis McClintock führte eine dieser Expeditionen auf der »Fox«, einer kleinen Dampf-Yacht, die Lady Franklin gehörte. Auf der King Williams-Insel fanden sie eine Kapsel aus Zink. Sie enthielt Aufzeichnungen über Franklins Unternehmen (links).

Fundstücke

Dieser Arzneikasten stammt von einem der Schiffe Franklins. McClintocks Expedition fand ihn auf der King William-Insel. Er enthielt Baumwolle und Fläschchen mit alter Medizin, z. B. Ingwer gegen Magenverstimmungen.

Franklins Schiff »Erebus« (32 m lang)

Amundsens Schiff »Gjøa« (21 m lang)

Durch die Nordwest-Passage

Die erste vollständige Durchquerung der Nordwest-Passage vom Atlantik zum Pazifik gelang mit der »Gjøa«. Sie stand unter dem Kommando von Roald Amundsen – dem Norweger, der später als erster Mensch am Südpol war. 1903 verließ die »Gjøa« mit Vorräten für fünf Jahre Norwegen. Drei Winter verbrachten Amundsen und seine Mannschaft in der Arktis, und sie lernten, wie Inuit zu leben und zu reisen.

Zeichenerklärung

John Cabot	1497
Martin Frobisher	1576
Henry Hudson	1610-11
John Franklin	1845-47
Roald Amundsen	1903-06

Die Nordost-Passage

Während die Engländer den Weg durch die Nordwest-Passage suchten, versuchten die Holländer, eine Nordost-Passage nach Asien zu finden. Seit Mitte des 16. Jahrhunderts segelten sie entlang der Nordküste Sibiriens nach Osten und begannen, mit Muscovia (Rußland) Handel zu treiben. Sie gründeten einen Handelsstützpunkt in der Nähe von Kola. Von dort drangen die holländischen Schiffe im Lauf der Zeit immer weiter nach Osten vor. 1584 erreichten sie Nowaja Semlja. Die Expedition von Willem Barentsz im Jahre 1596 brachte den größten Fortschritt. Die Holländer gaben aber schließlich ihre Suche auf. Deshalb wußte man nicht genau, ob es die Nordost-Passage wirklich gab, bis der Russe Semjon Deschnjow im 17. Jahrhundert die arktische Küste Sibiriens vollständig erforschte. Aber es schien keine mögliche Route für große Schiffe zu sein. Fast 300 Jahre später war es schließlich Adolf Erik Nordenskiöld, der die Durchfahrt schaffte. Heute halten russische Eisbrecher eine Fahrrinne für den Schiffsverkehr eisfrei.

Barentsz 1550-1597

Willem Barentsz

Barentsz wurde auf einer Insel vor der niederländischen Küste geboren. Er war ein erstklassiger Steuermann. 1594 nahm er an einer Expedition zur Nordost-Passage teil. Das Wetter war ungewöhnlich mild, und er kam bis in die Karasee. Seine folgenden zwei Reisen waren weniger erfolgreich. Die Temperaturen waren extrem niedrig und das Vorankommen wegen des Eises sehr mühsam und gefährlich.

Überwintern in der Arktis

Als Barentsz sich 1596 auf seiner dritten Reise in der Karasee befand, fror das Meer zu, und die Holländer saßen den Winter fest. Sie bauten die hier abgebildete Hütte aus Treibholz. Im Innern befand sich eine große Feuerstelle. Trotzdem war es so kalt, daß Eiszapfen von den Kojen hingen. Die Mannschaft lebte von den Schiffsvorräten und von Tieren, die sie jagte. Die Männer waren die ersten Europäer, die in der Arktis überwinterten.

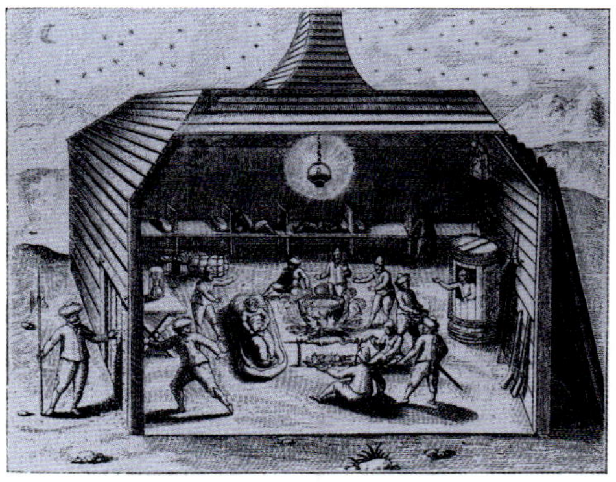

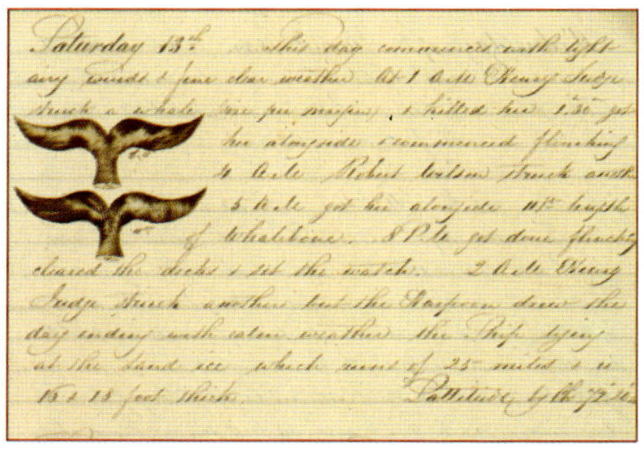

Das Logbuch eines Walfängers

Wal- und Robbenfänger waren die ersten Europäer, die sich längere Zeit in arktischen Gewässern aufhielten. Sie machten Entdeckungen in dieser Gegend und hielten sie in ihren Logbüchern (Schiffstagebüchern) fest. Diese Seiten aus dem Logbuch eines Walfängers stammen aus dem 19. Jahrhundert.

Zeichenerklärung

Willem Barentsz	1596-97	1 + + + + +
Semjon Deschnjow	1648	◆ ○○○○○○
Adolf E. Nordenskiöld	1878-79	1 -o-o-o-

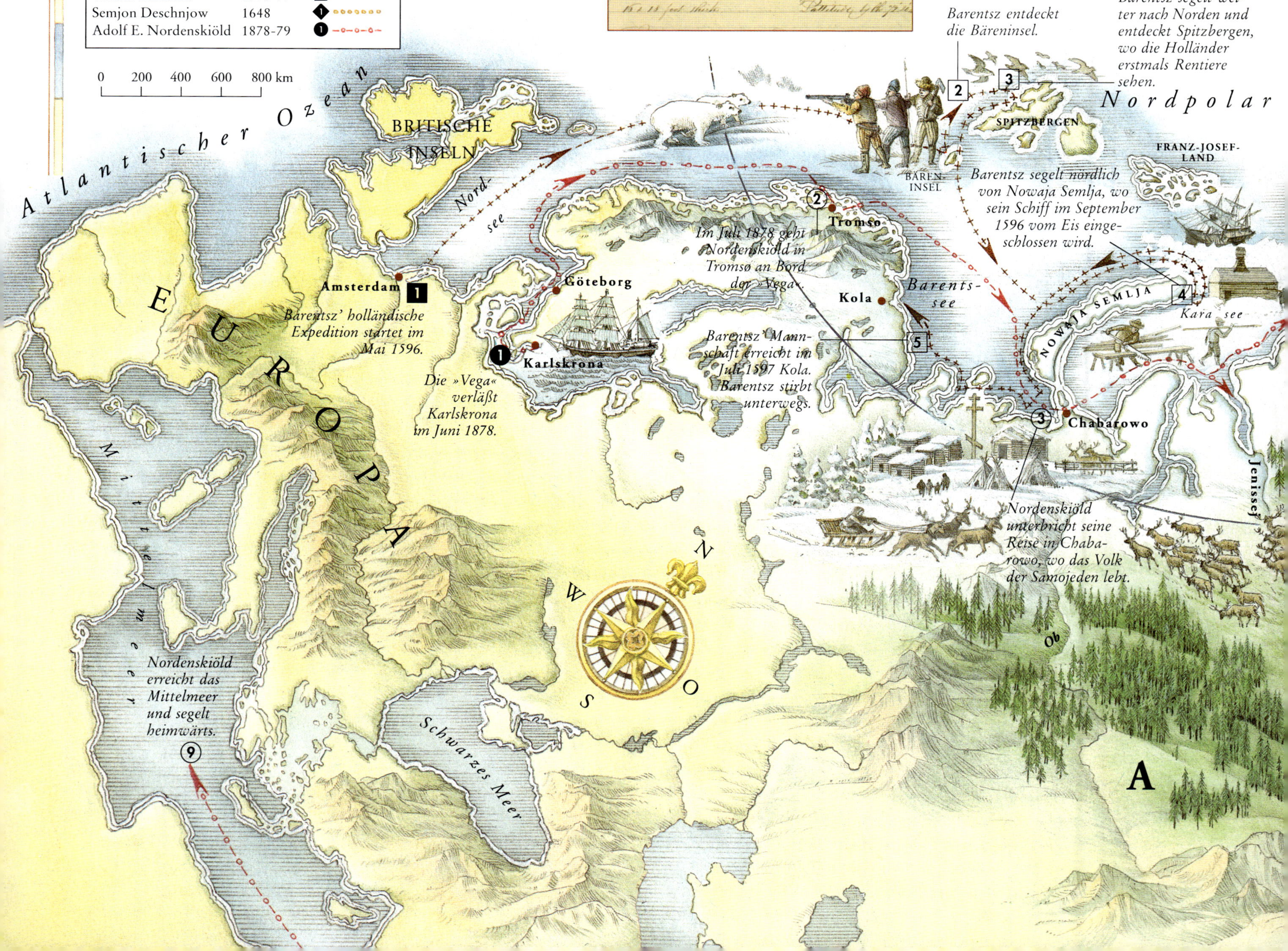

Adolf Erik Nordenskiöld

Nordenskiöld war einer der bedeutendsten wissenschaftlichen Entdecker. Erste Arktisexpeditionen bereiteten ihn gut auf die Strapazen der Expedition durch die Nordost-Passage vor: auf das harte Klima, den dichten Nebel und die Gefahren des Treibeises. Im Juli 1878 verließ er Norwegen auf der »Vega« und erreichte ein Jahr später den Pazifischen Ozean. Damit hatte er als erster die Nordost-Passage durchsegelt.

Nordenskiöld 1832-1901

Am Kap Tscheljuskin

Die Fahrt der »Vega« war eine bedeutende wissenschaftliche Forschungsreise. Die Mannschaft sammelte viele Fakten über die Natur und die Landschaft und machte genaue Aufzeichnungen von diesem Teil des arktischen Gebietes, so daß man später Karten anfertigen konnte. Am Kap Tscheljuskin, dem nördlichsten Punkt des asiatischen Festlands, errichteten die Männer ein Denkmal (rechts).

Willem Barentsz erreicht als erster Europäer die Inseln von Spitzbergen.

Die »Vega«

Nordenskiölds Schiff war ein 300-Tonnen-Walfangschiff, das 1872 in Deutschland gebaut worden war. Der Rumpf bestand aus Eiche, die Außenhaut aus noch härterem Holz, damit das Schiff dem hohen Druck des Eises widerstehen konnte. Neben den Segeln hatte die »Vega« auch eine starke Dampfmaschine für den Vortrieb. Nach der berühmten Fahrt durch die Nordost-Passage wurde die »Vega« wieder zum Walfang eingesetzt.

Die Tschuktschen

Die Tschuktschen sind ein Volk in Nordost-Sibirien. Sie wohnen traditionell in Hütten, die in den Boden eingegraben sind. Nordenskiölds Expedition begegnete den Tschuktschen erstmals am Kap Shelagskiy. Sie waren zu Nordenskiöld und seinen Leuten sehr freundlich und hilfsbereit.

Semjon Deschnjow

Der nordöstlichste Punkt Asiens heißt Kap Deschnjow nach dem russischen Entdecker Semjon Deschnjow. Er soll 1648 von dem Fluß Kolyma ostwärts an der arktischen Küste entlang gesegelt sein. Wahrscheinlich ging die Reise weiter um das Kap herum und durch die Beringstraße zur Mündung des Anadyr in den Pazifik. Er fuhr in einem kleinen Boot mit flachem Kiel, *koch* genannt.

Heutzutage ist das Befahren der Nordost-Passage nicht mehr gefährlich. Spezielle Schiffe (Eisbrecher) halten für die großen Frachtschiffe die Fahrrinnen frei.

Durch Sibirien

Zu Beginn des 18. Jahrhunderts war der russische Zar Peter der Große entschlossen, aus seinem schwachen und rückständigen Land ein bedeutendes und modernes Reich zu machen. Sibirien, das weite Land östlich von Rußland, war damals kaum erforscht. Der Zar beschloß, es unter seine Herrschaft zu bringen.
Damit würde Rußland wertvolle Pazifikhäfen bekommen. Er wollte außerdem herausfinden, ob zwischen Asien und Nordamerika eine Landverbindung besteht.
Der Zar machte 1724 Vitus Bering zum Leiter der ersten Expedition. Sein Auftrag war, auf die Halbinsel Kamtschatka in Ostsibirien zu gehen, dort Schiffe zu bauen, nach Norden zu segeln und die Landverbindung zwischen Asien und Amerika zu finden. Der Befehl war einfach, die Durchführung war es nicht. Bering kehrte zurück, ohne endgültig bewiesen zu haben, daß die beiden Kontinente durch ein Meer getrennt sind. 1734 bekam Bering die Verantwortung für ein weiteres ehrgeiziges Projekt, bekannt als die Große Nordische Expedition. Das Ziel war, Alaska und das heute so genannte Beringmeer zu erreichen und die gesamte arktische Küste Sibiriens zu erforschen.

Bering 1681-1741

Vitus Bering

Der Däne Bering ging als junger Mann zur See. Als er einen Norweger kennenlernte, der Admiral in der russischen Flotte war, beschloß er, ebenfalls in die Marine des Zaren einzutreten. Nach seiner Rückkehr von der Kamtschatka-Expedition 1730 sagte man ihm, daß der Beweis noch fehle, daß Asien und Amerika eine Landmasse seien. 1734 brach er erneut auf, diesmal mit der Großen Nordischen Expedition.

Die Große Nordische Expedition

Die Große Nordische Expedition wurde von der Kaiserlichen Marine-Akademie in St. Petersburg geplant. Bering reiste durch Rußland zum Pazifik. Die Erforschung der Nordküste wurde einer Gruppe junger russischer Offiziere übertragen. Die Küste wurde in fünf Abschnitte eingeteilt: von Archangelsk bis zum Ob (Murawjow und Pawlow, später Malgin), vom Ob zum Jenissej (Owtzin), vom Jenissej zur Spitze der Halbinsel Taimyr (Minim, später K. Laptew), von der Halbinsel Taimyr zur Lena (Prochnitschew, später Tscheljuskin) und von der Lena um das östliche Kap bis zum Anadyr (Dimitrij Laptew). Dieses Forschungsprojekt dauerte knapp zehn Jahre.

Sibirische Pelze

Peter der Große wurde auf Sibirien aufmerksam, als er von den Pelzen hörte, die Fallensteller aus Sibirien schickten. Sie stammten von Tieren wie dem Zobel (rechts). Pelzhändler und Jäger gingen nach Alaska, nachdem Bering es 1741 entdeckt hatte. Der Hafen Petropawlowsk wurde ein Zentrum des Pelzhandels.

Auf arktischen Flüssen

Die Forscher der Großen Nordischen Expedition reisten durch Gebiete in Sibirien, in denen es kälter war als am Nordpol. Die russische Marine-Akademie stellte viele Leute für die Große Nordische Expedition zur Verfügung, konnte deren Versorgung aber nicht gewährleisten. Sie hatten nur die Vorräte, die in den Booten (oben) und auf den Schlitten mitgenommen werden konnten. Oft hörte man jahrelang nichts von den Forschern, bis sie wieder zurückkehrten.

Winter in Ochotsk

Als Bering im Oktober 1726 zum ersten Mal nach Ochotsk kam, war es eine kleine Siedlung mit Hafen. Er blieb den Winter über dort, und seine Zimmerleute bauten Boote für die Expedition über das Ochotskische Meer nach Kamtschatka. Es wäre einfacher gewesen, auch um die Spitze der Halbinsel zu segeln, aber die Route erschien Bering zu riskant.

Berings Schiffe

Auf seiner zweiten Forschungsreise baute Bering die »St. Peter« (oben) und die »St. Paul«. Kapitän der »St. Paul« war Alexej Tschirikow. Beide Schiffe kamen bis nach Alaska, aber nur die »St. Paul« kehrte heil zurück.

Rückkehr und Tod

Bering starb 1741 auf der Rückfahrt von Alaska auf der Beringinsel. Seine Leute litten unter Skorbut, und sie mußten den Winter auf der Insel verbringen. Im Frühjahr bauten sie aus den Wrackteilen der »St. Peter« ein Boot und segelten 482 km zurück nach Petropawlowsk. Tschirikow, der mit der »St. Paul« weiter an der Küste Alaskas vorgedrungen war als Bering, konnte mit vielen seiner Leute nach Petropawlowsk zurückkehren.

Zeichenerklärung

Vitus Bering		
1. Expedition	1725-29	❶
2. Expedition	1734-41	⓫
Große Nordische Expedition		
Murawjow/Pawlow	1734-35	
Malgin	1735-37	
Owtzin	1734-37	
Minim/Laptew	1739-41	
Prochnitschew	1735	
Tscheljuskin	1742	
D. Laptew	1735-41	

Um die Welt

Zur Zeit der spanischen und portugiesischen Herrschaft auf den Weltmeeren war 1519 die Fahrt des Portugiesen Magellan auf dem spanischen Schiff »Victoria« die beeindruckendste Leistung. Es war die erste Weltumsegelung, obwohl das gar nicht geplant war. Magellan wollte einen Weg zu den Gewürzinseln (heute Molukken) finden. Er vermutete sie und das asiatische Festland nicht weit hinter Amerika und hoffte, einen Weg durch Amerika zu finden, um dorthin zu gelangen. Die Portugiesen befuhren schon die Route um Afrika und Indien in den Fernen Osten, den Spaniern war dieser Weg nach dem Vertrag von Tordesillas aber verwehrt. Magellan wollte deshalb einen westlichen Weg finden. Mehr als 60 Jahre später war Francis Drake der zweite Seefahrer, der seine Schiffe um die ganze Welt führte.

Der Vertrag von Tordesillas

Um Streitigkeiten vorzubeugen, schlug Papst Alexander VI. vor, die noch unentdeckte Welt zwischen den führenden europäischen Seemächten – Spanien und Portugal – aufzuteilen. Im Vertrag von Tordesillas (1494) wurde eine Demarkationslinie durch den Atlantik festgelegt. Die beiden Nationen einigten sich: Die Länder westlich der Linie beanspruchte Spanien für sich, die Länder östlich davon Portugal. Als die Küste Brasiliens erforscht wurde, stellte sich heraus, das es in der portugiesischen Hälfte lag. Aber wo war die Grenze zwischen portugiesischem und spanischem Einfluß auf der anderen Seite der Erdkugel?

Die Magellanstraße

Bei der Durchquerung der Meeresstraße zwischen dem Atlantischen und dem Pazifischen Ozean, die heute nach Magellan benannt ist, mußte die Mannschaft ständig die Wassertiefe loten.

Magellan 1480-1521

Ferdinand Magellan

Magellan war ein portugiesischer Ritter und Abenteurer. Nach einem Streit mit dem König von Portugal verließ er 1514 das Land und trat in den Dienst des spanischen Königs. 1519 unterbreitete er diesem seinen Plan, auf dem Westweg zu den Gewürzinseln (Molukken) zu gelangen. Große Reichtümer lockten, und der König gab Magellan das Kommando über eine Expedition. Diese sollte den Weg durch Amerika nach Asien finden. Magellan bekam fünf Schiffe und ungefähr 260 Männer. Nur ein Schiff mit 18 Männern kam zurück. Magellan war nicht dabei.

Francis Drake

Der berühmte englische Seefahrer Francis Drake war den größten Teil seines Lebens damit beschäftigt, Spanien und seine Besitzungen zu überfallen und zu plündern. Er war Pirat, aber die englische Regierung billigte und deckte sein Handeln. Die Gründe für seine Weltumsegelung sind nicht klar. Möglicherweise hatte er den Auftrag, den Ausgang der Nordwest-Passage im Nordpazifik zu suchen. Sein Hauptziel war sicherlich, Beute zu machen.

Drake 1543-1596

Die »Golden Hind«

Drake segelte 1577-80 mit der »Golden Hind« um die Welt. Das Schiff war 23 m lang und 100 t schwer. Sie hatte 12 Kanonen und war das größte Schiff in Drakes Flotte. Zum 400. Jahrestag der Weltumsegelung wurde 1977 eine Nachbildung der »Golden Hind« gebaut.

Die Gewürzinseln

Gewürze wurden in Europa teuer gehandelt. Magellan und auch Drake luden so viel von diesen kostbaren Waren auf ihre Schiffe, daß sie auf Grund liefen und der größte Teil der Fracht verlorenging.

Gold und Ruhm

Die Spanier, die Kolumbus folgten, fanden neue und blühende Zivilisationen in Mittel- und Südamerika. Die Azteken in Mexiko und die Inkas in Peru hatten hochentwickelte Kulturen, obwohl sie technologisch nicht so entwickelt waren wie die Europäer oder Asiaten. Sie kannten weder Eisenwerkzeuge noch das Rad, den Pflug oder Pferde. Trotzdem hatten sie beeindrukkende Städte aus Stein gebaut, die reich an Schätzen waren. Der Reichtum sollte ihnen zum Verhängnis werden. Obwohl im Aztekenreich fünf Millionen Menschen lebten und im Inkareich mehr als sechs Millionen, wurden sie von ein paar hundert gut bewaffneten Männern erobert.
Die *conquistadores* (spanisch: Eroberer) und später die portugiesischen *bandeirantes* konnten von Europa aus nicht mehr kontrolliert werden. Die spanische Regierung hatte nicht die Absicht, die Völker Mittel- und Südamerikas auszurotten. Aber für die Abenteurer war Europa weit weg, und sie sahen nur das Gold, das sie reich machen würde. Für die Eroberung der Reiche der Azteken und der Inkas waren zwei Männer verantwortlich: Hernán Cortés und Francisco Pizarro.

Cortés 1485-1547

Hernán Cortés

Cortés stammte aus einer adligen Familie und studierte Rechte, ehe er zu den Westindischen Inseln fuhr. 1519 übertrug ihm der Gouveneur die Führung einer Expedition nach Mexiko. Innerhalb von zwei Jahren hatte Cortés Mexiko für Spanien erobert. Dabei wurde er von den Völkern unterstützt, die unter die aztekische Herrschaft gezwungen worden waren.

Quetzalcoatl
Das Volk der Azteken glaubte, daß der mexikanische Gott Quetzalcoatl (links) eines Tages zu ihnen zurückkommen werde. Als Cortés ins Land kam, dachten viele, daß er Quetzalcoatl sei. Deshalb waren die Azteken und ihr Herrscher Montezuma gegenüber Cortés zunächst so vertrauensvoll.

Tenochtitlán
Die schöne aztekische Stadt Tenochtitlán war auf einer Insel in einem See errichtet worden. Cortés führte seine Armee in diese Stadt, mußte aber fliehen und suchte Unterstützung. Er brachte eine 100 000 Mann starke Armee aus Rebellen gegen die Herrschaft der Azteken zusammen, mit der er Tenochtitlán belagerte. Hungernd und von Krankheiten heimgesucht, mußten die Azteken 1521 kapitulieren. Cortés wurde zum Herrn von Mexiko erklärt. Die Stadt Tenochtitlán wurde zerstört, und die überlebenden Azteken wurden versklavt. Cortés ließ die Stadt später wieder als Mexiko-Stadt aufbauen.

Cortés und Montezuma
Als Cortés Tenochtitlán erreichte, kam ihm der Herrscher Montezuma in festlichem Prunk entgegen. Die Spanier durften die Stadt betreten, aber Montezuma blieb mißtrauisch. Die Gäste führten sich bald als Herren auf, und während einer Abwesenheit von Cortés begannen Unruhen. Bei seiner Rückkehr herrschte offener Krieg. Montezuma wurde von seinen eigenen Leuten getötet, weil sie glaubten, daß er sie betrogen hatte.

Ein aztekisches Messer
Dieses Steinmesser mit Türkiseinlage im Griff ist ein schönes Beispiel aztekischer Kunstfertigkeit. Es war ein Geschenk der Azteken an Cortés.

Pizarro ca. 1475-1541

Francisco Pizarro

Der spanische *conquistador* Pizarro ging auf der Suche nach Glück und Abenteuer nach Mittelamerika. Er überquerte den Isthmus (Landenge) von Panama und kam an die Pazifikküste. 1531 brachte er mit weniger als 200 Männern das Inkareich unter seine und damit spanische Kontrolle, wurde aber dann von seinen eigenen Soldaten getötet.

Die Schlacht von Cajamarca
1532 marschierte Pizarro mit seinen Leuten in Peru ein und zog in die Anden. In Cajamarca trafen sie auf den Inkaherrscher Atahualpa. Er begrüßte sie freundlich, doch als ein spanischer Priester die christliche Religion erklären wollte, warf der Inka die Bibel zur Seite. Das nahmen die Spanier zum Anlaß für einen gewalttätigen Handstreich in dessen Verlauf sie Atahualpa als Geißel nahmen.

Goldgier
Die spanischen *conquistadores* erhofften sich von den Azteken und Inkas goldenen Schmuck wie diesen Anhänger. Der gefangene Inka Atahualpa bot für seine Freilassung einen Raum, der bis zur Decke mit Gold und Silber gefüllt war. Die Spanier nahmen dieses Lösegeld, töteten ihn aber trotzdem.

Die Bandeirantes

Die nach Brasilien gekommenen portugiesischen Siedler ließen sich an der Küste nieder. Die einzigen, die ins Landesinnere vordrangen, waren neben den christlichen Missionaren die *bandeirantes*. Das waren große Banden gesetzloser Männer, die im 17. Jahrhundert hauptsächlich an der Küste um São Paulo lebten. Obwohl sie mehr an Geld als an Entdeckungen interessiert waren, erschlossen diese Abenteurer große Teile Brasiliens für die Europäer. Sie unternahmen lange Streifzüge in das Innere des Landes, um Eingeborene zu fangen und als Sklaven zu verkaufen, was allerdings verboten war.

Der See Guatavita nahe Bogotá ist mit der Legende von Eldorado (spanisch: das vergoldete) verbunden. Der Herrscher von Guatavita soll täglich mit Goldstaub gepudert worden sein. Einmal im Jahr soll er sich im See das Gold abgewaschen haben.

Pizarro erobert Cuzco

Nach dem Mord an Atahualpa marschierte Pizarro mit seinen Leuten weiter nach Cuzco, der Inka-Hauptstadt. Es kam zum Kampf, und viele Inkas wurden getötet. Die Überlebenden mußten alle Schätze der Inkas herausgeben. Die Spanier gründeten ihre eigene Hauptstadt, Lima, nahe der Küste. Von dort aus erkundeten sie das Land weiter südlich und östlich. So befuhr auch einer von Pizarros Leuten, Francisco de Orellana, den Amazonas von den Anden bis zum Atlantik.

Die Inkastadt Machu Picchu: Die Ruinen dieser Stadt in den Anden wurden erst 1911 entdeckt.

Zeichenerklärung

Hernán Cortés	1519-21	1 ········
Francisco Pizarro	1531-33	1 + + + +

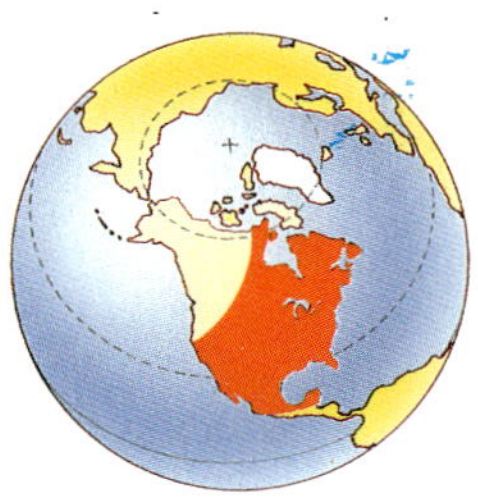

Neue Reiche

Im frühen 16. Jahrhundert erforschten die Europäer den größten Teil der Ostküste Nordamerikas vom Kap Breton bis nach Florida. Wie John Cabot schon einige Jahre früher, suchten sie einen Wasserweg zum Pazifischen Ozean. Sie waren immer noch überzeugt, daß Nordamerika nur eine schmale Landzunge ist und sich dahinter Asien erstreckt. Aber bei jeder erkundeten Wasserstraße oder Bucht stellte sich heraus, daß es die Mündung eines Flusses war, der sie ins Landesinnere führte. Am verheißungsvollsten erschien die Entdeckung des Sankt-Lorenz-Golfs, der 1535 von der Expedition des Franzosen Jacques Cartiers erforscht wurde. Sie öffnete den Weg für die französische Besiedlung des Sankt-Lorenz-Tales im 17. Jahrhundert, später Unter-Kanada genannt.
Gleichzeitig erkundeten die Spanier den Kontinent weiter im Süden. Sie segelten von ihren Siedlungen auf den karibischen Inseln nach Florida und drangen ins Landesinnere vor. Sie entdeckten den Mississippi, aber niemand erkannte die Bedeutung dieser Wasserstraße für die Erschließung Nordamerikas. Die Spanier interessierten sich nur für Schätze. Die Träume von den goldenen Städten trieb die Spanier vorwärts, oft bis in den Tod.

Eine Karte von Amerika aus dem 16. Jahrhundert
Diese Karte ist aus einem Weltatlas, der 1570 veröffentlicht wurde. Es ist eine recht genaue Darstellung der »Neuen Welt« (Amerika), die 80 Jahre früher noch völlig unbekannt gewesen war. Sie zeigt die von den Spaniern erforschten Gebiete und den Sankt-Lorenz-Strom. Im Süden ist die Magellanstraße eingezeichnet, die Südamerika von der »terra australis« trennt, dem großen unbekannten Südkontinent.

Pánfilo de Narváez und Álvar Núñez Cabeza de Vaca

Pánfilo de Narváez war ein spanischer *conquistador*, der 1528 eine Expedition nach Florida befehligte. Mit 600 Männern drang er von der Küste eine kurze Strecke ins Landesinnere vor. Viele Seeleute sind an Krankheiten oder bei Kämpfen mit den Eingeborenen gestorben. Einer der Überlebenden war Cabeza de Vaca. Er wurde von Indianern des Yaqui-Stammes (rechts) gerettet und lebte über fünf Jahre bei ihnen.

de Soto 1500-1542

Hernando de Soto

De Soto, spanischer *conquistador*, übernahm nach dem Scheitern der Expedition von Narváez die Aufgabe, Florida zu erobern. Er war bereits bei der Eroberung des Inkareichs in Peru reich geworden, er wollte aber noch mehr. Deshalb glaubte er den Berichten von Cabeza de Vaca nicht, daß dort keine Schätze zu finden wären. Drei Jahre suchte seine Expedition nach dem Gold, das es nicht gab.

Greueltaten de Sotos
De Sotos Expedition litt unter unsäglichen Mühsalen, aber sie verübte um so schrecklichere Grausamkeiten an den einheimischen Stämmen. Ihm war befohlen worden, sie gut zu behandeln, es sei denn sie verweigerten die Anerkennung des spanischen Königs und des Christentums. De Soto aber war nur an Gold und Eroberung interessiert. Oft wurde er freundlich empfangen. Trotzdem töteten seine Männer ohne Unterschied auch Frauen und Kinder. Dies brachte die Stämme dieser Gegend gegen ihn auf.

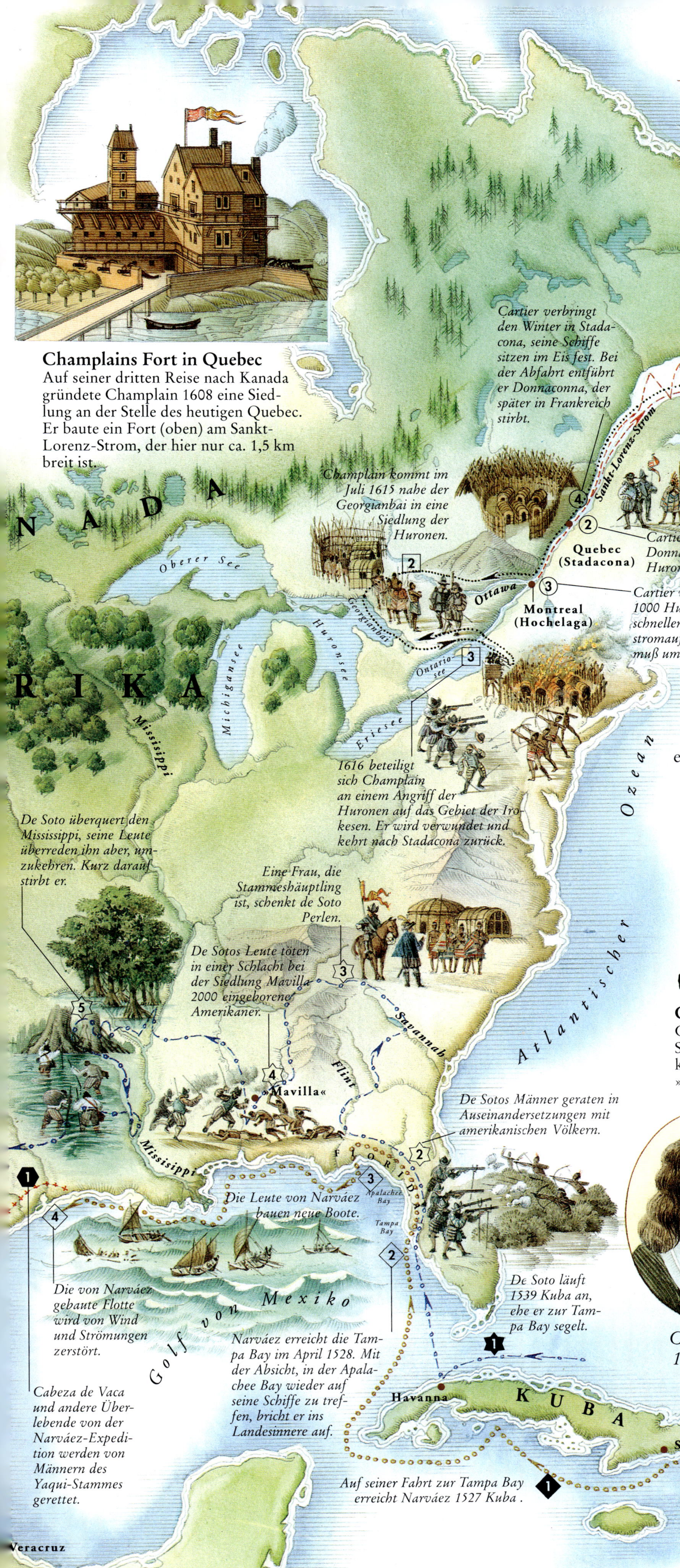

Champlains Fort in Quebec
Auf seiner dritten Reise nach Kanada gründete Champlain 1608 eine Siedlung an der Stelle des heutigen Quebec. Er baute ein Fort (oben) am Sankt-Lorenz-Strom, der hier nur ca. 1,5 km breit ist.

Cartier 1491-1557

Jacques Cartier

Der französische Kapitän Cartier wurde vom französischen König beauftragt, die Nordwest-Passage in den Fernen Osten zu suchen. 1534 segelte er in den Sankt-Lorenz-Golf. Cartier war der erste, der Aufzeichnungen von seiner Fahrt machte. Im folgenden Jahr entdeckte er den Sankt-Lorenz-Strom, der ihn nach »Neufrankreich« führte, wie die Franzosen ihr nordamerikanisches Territorium nannten.

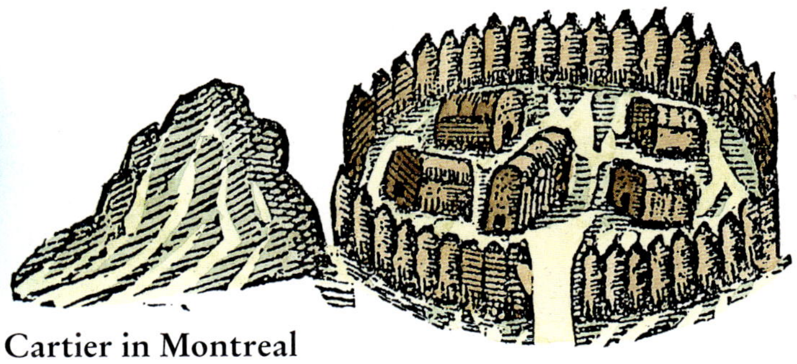

Cartier in Montreal
Cartier verpflichtete Huronen, ihn den Sankt-Lorenz-Strom aufwärts bis Hochelaga zu führen, eine kleine Stadt am Fuß eines Berges. Cartier nannte den Berg »Mont Royal«, daraus wurde der heutige Name Montreal.

Champlain 1567-1635

Samuel de Champlain

Fischer und Pelzhändler waren Cartier den Sankt-Lorenz-Strom hinauf gefolgt, aber zu Champlains Zeit besiedelten die Franzosen Neufrankreich nicht. Champlain hatte schon die Westindischen Inseln bereist, als er 1603 nach Neufrankreich kam. Er verbrachte dort den größten Teil der nächsten 30 Jahre und wurde der eigentliche Begründer Französisch-Kanadas und des gewinnbringenden Pelzhandels. Sein Fehler war, sich die Irokesen zu Feinden zu machen, die dann später in den Auseinandersetzungen um Kanada auf seiten der Briten kämpften.

Zeichenerklärung

Pánfilo de Narváez	1527-28	◆ ∘∘∘∘∘∘
A. N. Cabeza de Vaca	1528-36	● + + + +
Hernando de Soto	1539-42	✶ —∘—∘—
Jacques Cartier	1535-42	● — — —
Samuel de Champlain	1615-16	■ ········

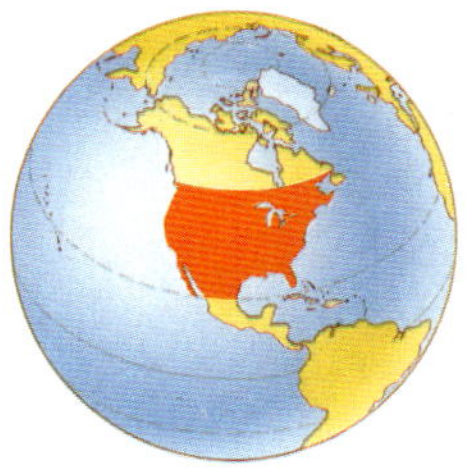

Durch Nordamerika

Im 17. Jahrhundert gründeten die Engländer Kolonien entlang der Ostküste Nordamerikas. Unterdessen erforschten die Franzosen Gebiete, die sich weiter nördlich befanden: das Tal des Sankt-Lorenz-Stroms und das Gebiet der Großen Seen. 1672 erreichte der französische Jesuit Pater Marquette den Mississippi. Diese Entdeckung eröffnete reiche und weite neue Landstriche. 1682 fuhr Robert Cavelier de La Salle den Mississippi hinunter bis zur Mündung und nahm das ganze Gebiet als »Louisiana« (nach seinem König Ludwig XIV.) für Frankreich in Besitz. Knapp 100 Jahre später wurden die Vereinigten Staaten eine unabhängige Nation, die aber zunächst nur Gebiete zwischen Atlantikküste und Mississippi umfaßte. Louisiana im Westen war offiziell französisch, obwohl dort nur die amerikanischen Ureinwohner lebten. 1803 verkauften die Franzosen dieses riesige Gebiet an die Vereinigten Staaten. Präsident Jefferson beauftragte Meriwether Lewis und William Clark mit der Erforschung dieses Landes.

Die Mandanen

Als Lewis und Clark den Nordwesten der Vereinigten Staaten durchquerten, trafen sie auf verschiedene Eingeborenen-Stämme. Den ersten Winter verbrachten sie im Land der Mandanen. Das war ein Stamm von Bauern und Jägern, die in runden Blockhütten wie der gezeigten lebten.

Lewis 1774-1809

Clark 1770-1838

Lewis und Clark

Präsident Jefferson beauftragte seinen Sekretär Meriwether Lewis und dessen Freund William Clark mit der Führung einer Expedition. Diese sollte die neuerworbenen Gebiete von Louisiana erforschen und einen Weg zum Pazifik suchen. Den Weg zum Pazifik fanden sie nicht, dafür waren sie aber in anderer Hinsicht erfolgreich: Sie knüpften freundschaftliche Beziehungen zu vielen einheimischen Völkern.

Den Missouri hinauf

Lewis und Clark benutzten wie die Eingeborenen Kanus bei ihrer Expedition auf dem Missouri. Stromaufwärts wurde der Fluß immer schmaler, und die Strömung wurde stärker. Streckenweise mußten die Boote dann vom Ufer aus mit Seilen gezogen oder sogar über Land getragen werden. Lewis schrieb in sein Tagebuch, daß von der Fahrt auf dem Fluß mehr Gefahren ausgegangen seien als von den »Wilden«.

Treffen in Council Bluffs

Lewis und Clark schlugen an dem später Council Bluffs genannten Ort auf einem Hügel ein Lager auf. Sie luden die Ottoe zu einem Treffen ein. Die Begrüßung mit Salutschüssen ließ die Ottoe jedoch in Panik fliehen. Schließlich fand die Versammlung doch statt. Der Häuptling bot an, Pelze und Pferde gegen Gewehre zu tauschen, die er für den Kampf gegen seine Feinde brauchte.

Sacagawea

In Fort Mandan begegneten Lewis und Clark der jungen Shoshonenfrau Sacagawea (Vogelfrau). Sie und ihre Familie schlossen sich der Expedition an. In dem Gebiet der Shoshonen nahe der Rocky Mountains war Sacagawea als Führerin und Übersetzerin unersetzlich für die Expedition.

Eine Friedenspfeife

Bei den Zusammentreffen der Expedition mit den verschiedenen nordamerikanischen Völkern wurden oft Pfeifen als Zeichen des Friedens herumgereicht.

La Salle 1643-1687

Robert Cavelier de La Salle

Der Franzose La Salle ging 1666 nach Neufrankreich (Kanada). Er unternahm einige Reisen in das Gebiet der Großen Seen. 1681/82 fuhr er den Mississippi bis zur Mündung hinunter. 1684 kam er aus Frankreich, um das Mississippi-Delta vom Meer her zu erkunden. Aber er konnte es nicht finden. 1687 meuterte seine Mannschaft, und er wurde ermordet.

Der Bau der »Griffon«

1678 bauten La Salle und seine Gefährten am Ufer des Niagara ein Schiff, die »Griffon«. Damit wollten sie die Großen Seen erforschen. Die »Griffon« war ein unförmiges Schiff von 50 t. La Salle befuhr die Großen Seen und betrieb Pelzhandel. Die »Griffon« hatte bald sehr viele Biberfelle geladen. La Salle schickte das Schiff zurück zum Niagara, während er seine Reise nach Süden vorbereitete. Die »Griffon« erlitt aber Schiffbruch, und die wertvolle Ladung ging verloren.

Der Pelzhandel

Neben Entdeckern und Missionaren trugen vor allem Pelzhändler zur Erkundung von Kanada bei. Sie kamen in unbekannte Gegenden und erhielten von den eingeborenen Fallenstellern für eine Flasche Wiskey oder eine Decke Biberfelle.

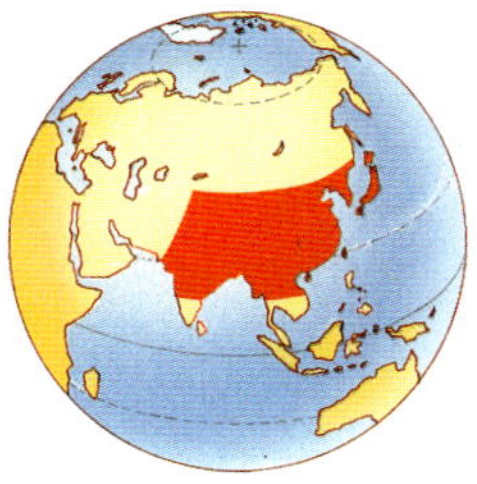

Das Herz Asiens

Im 16. Jahrhundert war das Wissen der Europäer über Asien noch sehr gering. Es war nicht klar, ob das Kathei in Marco Polos Reiseberichten aus dem 13. Jahrhundert das China war, dessen Küsten die Portugiesen kannten. Europäische Reisende »entdeckten« Asien nicht in der Weise, wie Kolumbus Amerika »entdeckte«. Die Europäer konnten keine Kolonien gründen, weil es hier Hochkulturen gab, die ihnen gleichberechtigt begegneten. Sie hatten andere Gründe für ihre Reisen. Sie waren Gäste – aber nicht immer willkommene Gäste.
Einige Europäer machten erstaunliche Reisen durch Zentral- und Ostasien. Auch hier taten sich die Jesuiten hervor, katholische Missionare, die der Gemeinschaft Jesu angehörten. Der heilige Francisco Xavier war einer der ersten Europäer, der verschiedene Teile Japans bereiste. Pater Matteo Ricci kam nach Peking, und de Goes, Andrade, Grüber und d'Orville durchzogen die gewaltigen Gebirgsmassive auf der Suche nach christlichen Gemeinden.

Matteo Ricci in China

Pater Matteo Ricci (1552-1610) war ein italienischer Missionar in Indien. Er lernte die chinesische Sprache und 1583 wurde ihm gestattet, sich in Kanton niederzulassen. Er kleidete sich wie ein Chinese und lehrte den christlichen Glauben als eine Lebensweise, nicht als die einzig wahre Religion. Nach Jahren vergeblichen Bemühens wurde Ricci im Jahr 1600 nach Peking zu einer Audienz beim Kaiser eingeladen. Er schenkte dem Kaiser eine Uhr. Dieser freute sich sehr darüber.

Bento de Goes

De Goes war Portugiese von den Azoren. Er arbeitete mit dem heiligen Francisco Xavier als Missionar in Lahore, und er diente als Botschafter zwischen den Portugiesen in Goa und dem Hof Akbars des Großen, dem Mogulnherrscher in Indien. 1601 sollte er die christlichen Völker aufsuchen, die man zwischen Indien und Kathei vermutete.

de Goes 1562-1607

Andrade 1580-1634

Antonio de Andrade

Pater Andrade war ein portugiesischer Jesuit in Indien, der von der Reise des Bento de Goes angeregt wurde. Als Hindupilger verkleidet, zeitweise nur mit einem Gefährten, kam er bis ins westliche Tibet. Er war der erste Europäer, der den Himalaya durchquerte. Er kehrte nach Indien zurück, aber vier Jahre später machte er die Reise noch einmal und gründete eine jesuitische Mission in Tsaparang.

Grüber 1623-1680

d'Orville 1621-1662

Johann Grüber und Albert d'Orville

Grüber war ein deutscher Jesuit, der den Nahen Osten bereiste, ehe er 1658 nach China kam. Die Jesuiten bemühten sich, eine Route über Land zwischen China und Indien zu finden, weil der Seeweg durch holländische Freibeuter sehr gefährlich geworden war. Grüber und d'Orville öffneten den Landweg. D'Orville stammte aus einer adligen belgischen Familie und war schon länger als Grüber in China. Er beherrschte die chinesische Sprache und war in Geographie und Vermessung ausgebildet. Deshalb wählte ihn Grüber 1661 zu seinem Begleiter für die Reise.

Grübers Ansicht von Lhasa

Pater Grüber fertigte eine Zeichnung vom Potala an, dem Palast oberhalb der Stadt Lhasa (unten). Lhasa war eine heilige buddhistische Stadt, zu der Fremde keinen Zutritt hatten. Grübers Zeichnung ist die früheste Abbildung dieses berühmten Bauwerks. Der Pferdewagen wurde wahrscheinlich hinzugefügt, als von der Zeichnung ein Stich gemacht wurde. Die Tibeter hatten keine solchen Fuhrwerke. Grüber beschrieb auch, wie der religiöse Führer, der Dalai Lama, regierte.

Eine Gebetsmühle

Diese buddhistische Gebetsmühle (links) wurde auch in Tibet benutzt. Der rotierende Zylinder enthält ein Gebet auf einem Papierstreifen. Dem Drehen der Gebetsmühle wird die gleiche Wirkung zugeschrieben wie dem Sprechen des Gebets.

Xavier 1506-1552

Der heilige Francisco Xavier

Francisco Xavier war spanischer Jesuit. Er verbrachte einige Jahre in Indien, ehe er nach Japan segelte. Portugiesische Seefahrer waren ein paar Jahre früher erstmals dort gewesen. Francisco Xavier verfaßte als erster Europäer eine genaue Beschreibung Japans und seiner Bewohner aus erster Hand. Vielleicht war er ein erfolgreicher Missionar, weil er die Japaner sehr bewunderte. Er rühmte z. B. ihren Sinn für Ehre und Höflichkeit.

Die Ankunft der »Südlichen Barbaren«

Diese Malerei zeigt die Ankunft von Europäern in Japan, Mitte des 16. Jahrhunderts. Die Japaner waren überrascht, daß die Chinesen, von deren Kultur sie viel übernommen hatten, nichts vom christlichen Glauben wußten. Deshalb wollte Francisco Xavier nach China gehen. Er starb, bevor er die Erlaubnis dazu bekam, aber Pater Ricci übernahm diese Aufgabe.

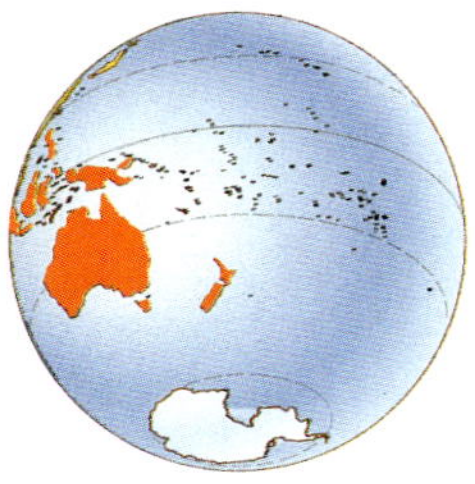

Die Erforschung des Pazifiks

Ferdinand Magellans Fahrt über den Pazifik machte den Europäern klar, wie unendlich groß dieser Ozean auf der anderen Hälfte der Erde ist. Diese Reise hatte aber auch eine andere Folge. Die Europäer wollten jetzt wissen, ob es wirklich einen gewaltigen Kontinent im Südpazifik gibt. Während der nächsten 250 Jahre befuhren zahlreiche Entdecker den Pazifik, um das herauszufinden. Aber auch hier war nicht Neugier allein die treibende Kraft, es waren die bekannten Motive: Mission, Gewinn und Macht.

1567 segelte Álvaro de Mendaña mit einigen Franzikaner-Mönchen von Lima aus nach Westen. Er wollte die Völker des Pazifik zum Christentum bekehren, Gold und Reichtümer finden und eine spanische Siedlung gründen. Er entdeckte die Salomonen, und das war der erste Schritt in der Geschichte der Pazifik-Erforschung, die zwei Jahrhunderte später der Engländer James Cook vollendete.

Der Kontinent im Süden
Legenden von einer großen Landmasse im Süden bewegten schon die Vorstellungen der frühesten Kartographen. Der griechische Geograph Ptolemäus (90-168 n. Chr.) glaubte, daß der Indische Ozean von Land umschlossen sei. Als der Geograph Abraham Ortelius um 1570 seine Karte zeichnete (oben), waren die Vorstellungen genauer. Der Kontinent wurde Terra Australis genannt.

Die Salomonen wurden 1568 von Álvaro de Mendaña entdeckt.

Mendaña 1541-1595

Álvaro de Mendaña

Der Spanier Álvaro de Mendaña startete 1567 mit seinem Schiff, der »Los Reyes«, von Callao in Peru. Die Reise dauerte zwei Jahre. Die Entdecker verirrten sich, litten unter Hunger, Durst, Krankheiten und Stürmen. Auf ihrer ersten Fahrt entdeckten Mendaña und sein Kapitän Pedro de Sarmiento die Salomonen. 1595 brach Mendaña ein zweites Mal auf, diesmal mit dem portugiesischen Steuermann Pedro Fernández de Quirós. Die Fahrt kostete wahrscheinlich Mendaña und den meisten Mitreisenden das Leben.

Quirós und Torres

Einer der Überlebenden der Expedition Mendañas von 1595 war Pedro Fernández de Quirós (1565-1614). Im Jahr 1605 befuhr er erneut den Pazifik. Die Seeleute besuchten die heutigen Cook-Inseln und die Neuen Hebriden (links), wo sie auf Espírito Santo landeten. Später übernahm Luis Váez de Torres das Kommando. Er umsegelte Neuguinea und bewies, daß es eine Insel ist.

Zeichenerklärung

Álvaro de Mendaña	1567-69	1 ········
Mendaña (mit Quirós)	1595-96	7 ———
Quirós (mit Torres)	1605-06	1 -·-o-·-o-
Luis Váez de Torres	1606-07	-·-·-·-·-
Abel Janszoon Tasman	1642-43	1 -:- -:- -:-
Louis Bougainville	1766-69	1 + + + + +

Die holländische Ostindische Kompanie

Seit Beginn des 17. Jahrhunderts beherrschte die holländische Ostindische Kompanie den holländischen Handel im Pazifischen und Indischen Ozean. Holländische Schiffe, die Batavia (heute Jakarta) anlaufen wollten, wurden regelmäßig vom Kurs abgetrieben. So lernten die Niederländer zufällig die australische Westküste kennen. Wenige gezielte Expeditionen ergänzten die Kenntnisse über den Süden und den Norden Australiens. 1615 überquerten Jakob Le Maire und Willem Corneliszoon Schouten den Pazifik von Kap Hoorn nach Batavia und liefen einige Inseln an.

Abel Janszoon Tasman

Die Kenntnis der Holländer über den südlichen Kontinent gründete sich auf die Reisen Abel Tasmans zwischen 1642 und 1644. Der Gouverneur von Batavia schickte Tasman auf seine erste Fahrt mit der Aufgabe, vom Indischen Ozean ostwärts in den Pazifik zu segeln. Auf dieser Fahrt entdeckte Tasman Van Diemensland (heute Tasmanien), und er sah Neuseeland, die Fiji-Inseln und Tonga.

Tasman 1603-1659

Die Mörder-Bucht

Tasmans Besuch in Neuseeland war kurz und unangenehm. Seine Schiffe ankerten in einer Bucht an der Nordküste der Südinsel. Sie wurden von den Eingeborenen, den Maori, in Kanus begrüßt. Die Maori schienen friedfertig zu sein. Als die Holländer aber ein kleines Boot ins Wasser ließen, wurde es angegriffen, und vier Männer fanden den Tod.

Louis Bougainville

Im Verlauf einer 1766 begonnenen Reise erforschte der Franzose Bougainville den Pazifik. Von der Magellanstraße segelte er nordwestwärts, besuchte das Tuamotu-Archipel und Tahiti, dann die Samoa-Inseln und die Neuen Hebriden. Er hätte Australien erreichen können, aber er segelte nördlich von Neuguinea weiter nach Batavia.

Bougainville 1729-1811

Cook in der Südsee

Noch im 18. Jahrhundert wußten die Europäer sehr wenig über den Südpazifik. Viele bezweifelten, daß sich der Pazifik weit in den Süden erstreckt. Sie vermuteten einen gewaltigen Südkontinent in dieser Gegend, der vom Südpol bis in die Tropen reicht. Die Salomonen, Neuseeland und auch Australien hielten sie für Ausläufer dieser Landmasse. Zwei Länder – England und Frankreich – übernahmen die Führung in der Erforschung des Südpazifik. Der Engländer James Cook konnte das Rätsel um den Südkontinent schließlich lösen. Cook unternahm zwischen 1768 und 1779 drei Fahrten in den Südpazifik, die sogenannte Südsee. Seine Aufzeichnungen und Karten, die die Salomonen, Neuseelands Nord- und Südinsel und die Ostküste Australiens erfaßten, zeigten, daß es keinen zusammenhängenden Kontinent gibt, sondern nur einzelne Länder und Inseln. Cook sichtete nie die Antarktis. Er kam aber so weit nach Süden, daß er feststellen konnte, daß dort der eigentliche Südkontinent sein muß.

Das Expeditionsschiff

Cook lernte das Schiffshandwerk auf einem Kohlenfrachter. Als er später ein Schiff für seine Weltumsegelung brauchte, wählte er ein Kohlenschiff aus Whitby und nannte es »Endeavour« (Bemühen). Das Schiff war sehr robust, es hatte genug Platz für Proviant und 94 Mann Besatzung: Darunter waren Gelehrte und der junge Naturwissenschaftler Joseph Banks.

Cook 1728-1779

Kapitän James Cook

Cook ging 1755 im Alter von 27 Jahren zur Royal Navy, der britischen Marine, nachdem er 10 Jahre lang auf Handelsschiffen gefahren war. Er trat in einem niedrigen Rang bei der Marine ein, wurde aber als geschickter Steuermann schnell befördert. Den Offiziersrang bekam er jedoch erst, als er mit dem Kommando der Expedition in den Südpazifik betraut wurde.

Känguruhs

Cooks Männer sahen als erste Europäer australische Känguruhs. Sie waren völlig verblüfft und wußten nicht, was für ein Tier das war. Schließlich kamen sie zu dem Schluß, daß es »eine Art Hirsch« sei.

Der Königin-Charlotte-Sund wurde von Cook auf jeder seiner Reisen nach Neuseeland besucht.

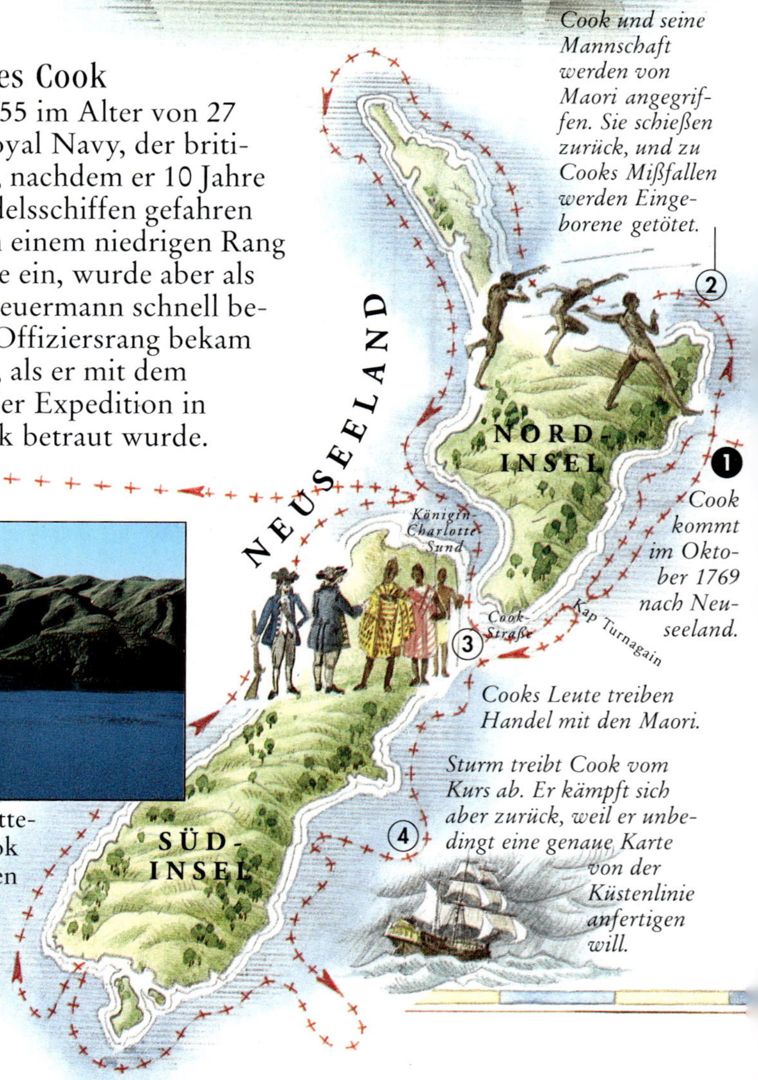

Zeichenerklärung
James Cook
1. Fahrt 1768-71
2. Fahrt 1772-75
3. Fahrt 1776-79

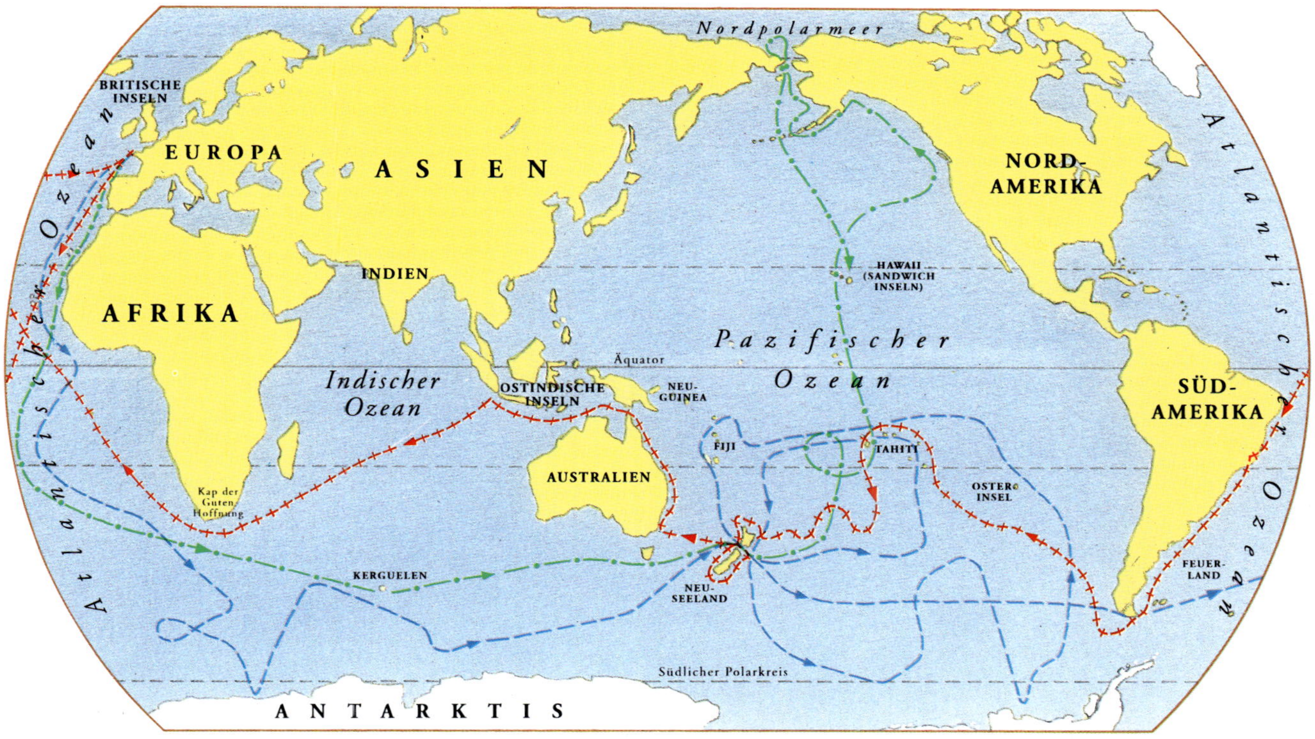

Um die Welt (1768-1779)

James Cook machte drei Reisen in die Südsee. Die Karte zeigt die drei Routen. Seine erste Reise führte ihn nach Tahiti, Neuseeland und an die Ostküste Australiens. Auf der zweiten segelte er südlich in arktische Gewässer. Er nahm zutreffend an, daß dort ein Gebiet gefrorenen Landes um den Südpol sein müsse. Auf seiner dritten Reise fuhr er in den Nordpazifik, um eine Einfahrt ins Nordpolarmeer zu finden. Auf dieser Reise entdeckte er zufällig Hawaii.

Die Schönheit Tahitis

Auf seiner ersten Reise steuert Cook Tahiti an. Nach dem unwirtlichen Klima Feuerlands – zwei von Banks Kollegen waren bei der Suche nach Pflanzen erfroren – erschien die üppige Schönheit Tahitis wie das Paradies. Die exotischen Pflanzen und Tiere entzückten Banks und die Naturforscher. Sie kosteten unbekannte Früchte wie die weiße, faserige Brotfrucht (links).

Medizin

Ein solcher Arzneikasten (links) gehörte zur Ausstattung des Schiffsarztes. Leider enthielt er kein Mittel gegen Fieber, das einige von Cooks Leuten auf den Ostindischen Inseln das Leben kostete.

Handel mit den Maori

Cook kam 1769 das erste Mal nach Neuseeland. Er landete auf der Nordinsel. Die Maori waren ihm zunächst feindlich gesinnt. Cook gewann aber ihr Vetrauen. Die Maori liebten den Handel mit der Mannschaft und gaben Früchte für Glasperlen oder Hummer für Segeltuch (rechts). Cook beschrieb die Maori als starke, gewandte und ehrbare Menschen, die zwar kriegerisch, aber nicht hinterlistig waren.

Eine gesunde Mannschaft

Cook kümmerte sich sehr um die Gesundheit seiner Mannschaft. Er sorgte für frisches Fleisch und Gemüse und bewahrte die Mannschaft so vor Skorbut. Das ist eine Krankheit, die durch Vitaminmangel ausgelöst wird und häufig auf langen Seereisen auftrat. Der Schiffsarzt verwendete manchmal den Antimonbecher (oben rechts). Dieser Becher war mit einer Metall-Legierung beschichtet. Wenn man Wein hineinfüllte, reagierte dieser mit dem Antimon. Den Kranken gab man solchen Wein zu trinken, und sie mußten sich übergeben. So sollte das Fieber gesenkt werden.

Annäherung an die Antarktis

Cook überquerte auf der zweiten Reise zweimal den südlichen Polarkreis. Die Antarktis sichtete er aber nie, obwohl er mehrmals sehr nah herankam. Cook war sich sicher, daß sich das Eis bis zum Südpol erstreckt. Er schrieb in sein Tagebuch, daß er sich keinen Grund vorstellen könne, warum jemals wieder ein Mensch in diese eisigen und gefährlichen Gewässer fahren sollte.

Cooks Chronometer

Cook nahm dieses Chronometer auf seine zweite Reise mit. Es war die erste Uhr, die auf einer Reise um die ganze Welt ständig in Gang blieb. Damit konnte Cook den Längengrad seiner jeweiligen Position bestimmen. Gegen Ende seiner Reise war die Bestimmung noch immer bis auf 13 km genau.

Cooks Tod auf Hawaii

Auf seiner dritten Reise stieß Cook auf die Hawaii-Inseln, die er Sandwich-Inseln nannte. Dort verbrachte er den Winter; das Verhältnis zu den Inselbewohnern war gut. Im Frühjahr brach er zur Erkundung der nordamerikanischen Westküste auf. Als er dann später zur Reparatur eines gebrochenen Mastes nach Hawaii zurückkehrte, empfingen ihn die Insulaner feindselig. Bei einem Streit wurde Cook erstochen.

Durch Australien

Die ersten britischen Kolonisten kamen 1788 nach Australien, zehn Jahre nachdem Cooks Mannschaft zuletzt dagewesen war. Es waren hauptsächlich Sträflinge, die statt ins Gefängnis dorthin geschickt worden waren, und ihre Bewacher. Aber bald folgten auch andere Siedler. Die erste Stadt entstand an der Stelle des heutigen Sydney. Es dauerte lange, bis jemand zu den Blue Mountains vordrang, die nur 65 km landeinwärts von Sydney entfernt sind. Als der Zustrom von Siedlern stärker wurde, zogen Leute los, um neues Weideland zu finden und begannen so mit der Erforschung des Landes. Einige folgten den großen Flüssen im Südosten, dem Murray und dem Darling, überquerten die Great Dividing Range und stießen nach Norden vor. Andere versuchten, Verbindungen über Land zwischen den Städten im Süden, deren Zahl ständig stieg, zu finden. Aber noch in den 40er Jahren des 19. Jahrhunderts war das Herz Australiens ein Geheimnis. Einige glaubten, daß im Zentrum des Kontinents ein großes Binnenmeer sei. 1859 setzte die Regierung einen Preis aus für den, der als erster Australien von Süden nach Norden durchquert. Damit wurde das Wettrennen eröffnet.

Wegen der extrem großen Hitze der Simpsonwüste kann Sturt nicht zum Mittelpunkt Australiens vordringen.

Stuart 1815-1866

John McDouall Stuart

Stuart wurde in Schottland geboren. Als junger Mann wanderte er nach Australien aus, arbeitete als Landarbeiter, Landvermesser und schließlich als Goldsucher. So lernte er das Land sehr gut kennen. 1845 schloß er sich einer Expedition unter Charles Sturt an und entdeckte Cooper's Creek. Mit diesen Erfahrungen brach er zur Durchquerung des Kontinents auf.

Durchquerung des Kontinents

Stuart startete im März 1860 eine Durchquerung des Kontinents. Im April erreichte er den Mittelpunkt Australiens. Wegen feindlicher Aborigines in der Nähe von Tennant Creek mußte er aber umkehren. Im zweiten Anlauf kam er fast bis Daly Waters, aber dorniges Gebüsch versperrte ihm den Weg. Beim dritten Versuch kam er im Juli 1862 in die Nähe des heutigen Darwin an die Küste und hißte siegesgewiß die Flagge (links). Er wußte nicht, daß sein Rivale Burke bereits weiter östlich das Meer erreicht hatte.

Eyre 1815-1901

Edward Eyre

Der Engländer Eyre ging 1832 nach Australien. Er entdeckte den See und die Halbinsel, die dann nach ihm benannt wurden. 1840 versuchte er, eine Verbindung zwischen Adelaide und Albany zu finden. Bei diesem Unternehmen war ein Ureinwohner als Führer dabei.

Robert O'Hara Burke und William Wills

Der Ire Robert O'Hara Burke war der erste Europäer, der Australien von Melbourne zum Carpentariagolf durchquerte. Er war eher Abenteurer als Forscher. Burkes Expedition war die aufwendigste und teuerste, die je in Australien unternommen wurde. Sie umfaßte 15 Männer, von denen sein Stellvertreter, der 26jährige Engländer William Wills der treueste war. Beide starben, ehe sie ihren Preis für die erste Durchquerung von Australien einfordern konnten.

Burke 1820-1861

Wills 1834-1861

Die Tragödie am Cooper's Creek

Cooper's Creek war der Treffpunkt von Burkes Expedition und der Ort ihres tragischen Endes. Burke, Wills, Gray und King gingen nach Norden, eine Nachhut blieb am Cooper's Creek. Drei Überlebende kehrten erschöpft zurück. Sie mußten feststellen, daß die Gruppe den Ort verlassen hatte. Burke und Wills starben hier.

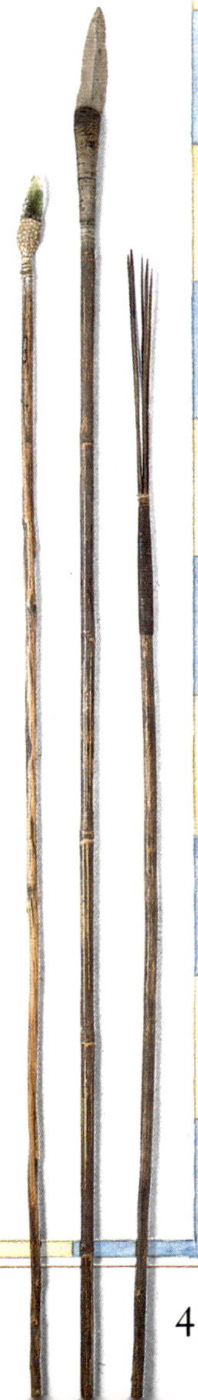

Speere der Aborigines

Die großen Speere der Aborigines wurden häufiger als Werkzeug, denn als Waffe benutzt. Sie waren aus Holz, ihre Spitze bestand aus Stein oder Knochen. Manche hatten auch Widerhaken zum Fischstechen.

Sturt 1795-1869

Der Murray – einer der längsten Flüsse Australiens – wurde 1830 von Charles Sturt entdeckt.

Charles Sturt

Charles Sturt stand in den Diensten des Gouverneurs von Ostaustralien. 1828 wurde er beauftragt, die Flüsse dieser Region zu erkunden. Er kartographierte die zwei Hauptflüsse Australiens, den Murray und seine Zuflüsse und den Darling. 1844 unternahm er eine Expedition ins Innere Australiens und bewies, daß es dort nur Wüste und kein Binnenmeer gibt.

Australische Aborigines

Die Aborigines sind die Ureinwohner Australiens. Ihre Kultur entsprach der Steinzeitkultur, denn sie kannten kein Metall. In den verschiedenen Gegenden lebten unterschiedliche Gruppen mit eigenen Sprachen. Die Europäer begegneten ihrer Lebensweise mit Unverständnis. Dabei waren die Aborigines besser in der Lage, mit dem extremen Klima zurecht zu kommen, als die Europäer. Expeditionen wie die von Burke und Wills hätten erfolgreicher sein können, wenn sie Kenntnisse der Aborigines übernommen hätten.

Die Naturforscher

Ab dem 15. Jahrhundert eroberten sich die Europäer die Welt mit ungeheurer Geschwindigkeit. Im 18. Jahrhundert begann sich das Forschungsinteresse zu wandeln: Man wurde wissenschaftlicher. Frühere Entdecker hatten die Hoffnung, Goldminen, Handelswege und Territorien für ihre Heimatländer zu finden. Nun hoffte man aber auch, wissenschaftliche Entdeckungen zu machen. Naturwissenschaftler waren bei den Expeditionen jetzt genauso selbstverständlich dabei wie Seeleute, Soldaten, Kaufleute und Abenteurer. Ihr Ziel war es, mehr über die exotische Tier- und Pflanzenwelt (Fauna und Flora) der tropischen Länder Südafrikas, Südostasiens und Südamerikas zu erfahren.
Bei der ersten großen wissenschaftlichen Expedition nach Südamerika sollte die Form und die Größe der Erde vermessen werden. Diese Wissenschaft nennt man Geodäsie. Die Expedition lenkte das Augenmerk der europäischen Naturwissenschaftler auf die ungewöhliche Flora und Fauna des Kontinents, besonders auf die tropischen Regenwälder des Amazonasgebiets.

Charles Marie de La Condamine

Die französische Akademie der Wissenschaften berief 1734 Charles Marie de La Condamine für die Leitung einer Expedition nach Südamerika. Er war ein hervorragender Mathematiker mit speziellem Interesse an der Geodäsie. Er sollte den Erdumfang am Äquator messen. Die Tiere und Pflanzen Südamerikas beeindruckten ihn, und er blieb zehn Jahre, um sie zu erforschen.

La Condamine 1701-1774

Gummi

Dieser elastische Stoff wird vom Gummibaum (links) gewonnen. Beim Anschneiden der Rinde tritt ein milchiger Saft aus, Latex genannt, der in Gefäßen aufgefangen wird. Latex ist der Grundstoff für Gummi. La Condamine hat als erster Gummi nach Europa gebracht.

Humboldt 1769-1859

Bonpland 1773-1858

Alexander von Humboldt und Aimé Bonpland

Charles Darwin nannte den deutschen Naturfoscher Alexander von Humboldt den »bedeutendsten Forschungsreisenden, der je gelebt hat«. Humboldt interessierte sich für alle Aspekte der Naturgeschichte und war zudem ein guter Schriftsteller. Ab 1799 bereiste er mit dem Franzosen Aimé Bonpland Südamerika.

Die Herausforderung des Chimborazo

Im Juni 1802 brachen Humboldt und Bonpland mit einer großen Gruppe auf, um den Berg Chimborazo zu besteigen. Unterwegs sammelten sie viele Exemplare verschiedener Pflanzen. Den Gipfel des Berges konnten sie jedoch nicht bezwingen. Wegen Sauerstoffmangel mußten sie in 5800 m Höhe umkehren.

Bonplands Pflanzen

Vor der Erfindung der Fotografie war es für einen Naturforscher unerläßlich, daß er gut zeichnen konnte. Diese Zeichnung einer *Melastoma coccinea* stammt von Bonpland. Er erfaßte über 3000 Pflanzenarten und sammelte viele Proben. Als eine der bedeutendsten erwies sich die Probe vom Chinarindenbaum. Aus der Chinarinde konnte man Chinin gewinnen, das sich als Medikament gegen die Tropenkrankheit Malaria bewährte.

Zeichenerklärung

Charles de La Condamine	1735-44	1
Humboldt/Bonpland	1799-1804	1
Wallace/Bates	1848-50	1
Richard Spruce	1849-64	1
Alfred Wallace	1850-52	1
Henry Bates	1850-59	1

Henry Walter Bates

Alfred Wallace und Henry Walter Bates kamen durch die Schriften Humboldts und Darwins auf die Idee, eine Expedition nach Südamerika zu unternehmen. Bates verbrachte elf Jahre im Amazonasbecken und kehrte erst 1859 nach England zurück. Er brachte 14 000 Proben mit – hauptsächlich von Insekten, die zum Teil in Europa unbekannt waren.

Bates 1825-1892

Aufstand der Tukane

Henry Bates wurde der beste Kenner des Regenwaldes. In seinem Buch »The Naturalist and the River Amazon« sagt er, daß der Regenwald oft sehr still ist. Einmal war dieser Frieden aber gestört: Er befand sich plötzlich in einem Schwarm wütend schreiender Vögel, nachdem er einen ihrer Artgenossen gefangen hatte. Es waren Tukane – eine der vielen farbenfrohen Vogelarten des Waldes, die Bates im Gebiet des Rio Negro beobachtete. In Europa waren sie unbekannt.

Wallace 1823-1913

Alfred Russel Wallace

Alfred Wallace war Lehrer in England und interessierte sich für Naturgeschichte. Auf seiner Expedition nahm er große Mühen auf sich für eine Sammlung lebender Proben vom Fluß Vaupés. Er brachte sie auch unversehrt bis zur Küste. Die Sammlung wurde dann aber zerstört, als auf seinem Schiff ein Feuer ausbrach.

Aufzeichnungen

Bates erfaßte alle Insekten, die er fand. Er zeichnete sie detailgetreu in sein Skizzenbuch (links), numerierte sie und bestimmte dann die Art.

Richard Spruce

Der Engländer Richard Spruce war Lehrer, seine Liebe aber galt der Botanik. Bevor er nach Südamerika ging, sammelte er zwei Jahre lang Pflanzen in Spanien. Er lebte vom Verkauf dieser Sammlung. 1849 setzte er nach Südamerika über. 1864 kehrte er mit 30 000 Pflanzenexemplaren nach England zurück.

Spruce 1817-1893

Der Amazonas führte Forschungsreisende auf ihrer Suche nach exotischen Pflanzen und Tieren tief in den Regenwald.

Darwin und die »Beagle«

Der Hauptzweck der Fahrt der »Beagle« war die Vermessung und das Kartographieren der Ozeane um Südamerika herum. Es waren aber die zusätzlichen Forschungen des Naturwissenschaftlers Charles Darwin, die diese Reise so berühmt machten. Während der Reise sammelte Darwin wichtige Belegstücke, auf die er dann seine Theorie der Evolution gründete. Evolution nennt man die Annahme, daß alle Pflanzen und Tiere von früheren Arten abstammmen und sich im Lauf der Zeit an ihre Umwelt angepaßt haben. Es war nicht Darwins Idee, aber er war der erste, der erklären konnte, wie die Evolution vonstatten geht. Sein Buch »On the Origin of Species« wurde 1859 veröffentlicht und erregte viel Aufsehen. Darwin wurde angegriffen, weil er die Schöpfungslehre der Bibel in Frage stellte, nach der alles auf der Erde in der bestehenden Form von Gott erschaffen worden sei.

Darwin 1809-1882

Charles Darwin

Charles Darwin stammte aus einer großen und wohlhabenden englischen Familie. Sein Interesse galt der Naturgeschichte, dem Studium der Pflanzen und Tiere. Mit 22 Jahren verpflichtete er sich 1831 als Naturforscher für die Expedition der »Beagle«.

»HMS Beagle«

Die »Beagle« war ein kleines Marine-Schiff, das seit 1825 in Dienst war und bereits einmal die Welt umsegelt hatte. Für die Fahrt 1831, an der Darwin teilnahm, war die »Beagle« aufwendig ausgerüstet worden. Die 74 Mitglieder der Besatzung hatten nicht viel Platz an Bord. Darwin lebte und arbeitete in einem Teil des Kartenraums.

Darwins Mikroskop

Dieses kleine Mikroskop wurde von Darwin auf der »Beagle« benutzt. Es war so konstruiert, daß man es zusammenlegen konnte.

Feuerland – die kahle Inselgruppe an der Spitze Südamerikas – wurde 1834 von Darwin besucht.

Die Fahrt der »Beagle« (1831-36)

Die Karte rechts zeigt die Reiseroute der »Beagle«. Im Dezember 1831 verließ sie England und erreichte im Februar 1832 Südamerika. Die nächsten dreieinhalb Jahre segelte sie an den Küsten Südamerikas und fuhr dann zu den Galápagos-Inseln, wo Darwin die Beweisstücke für seine Evolutionstheorie sammelte. Dann fuhr die »Beagle« nach Tahiti und gelangte über Neuseeland, Australien und St. Helena wieder nach Südamerika.

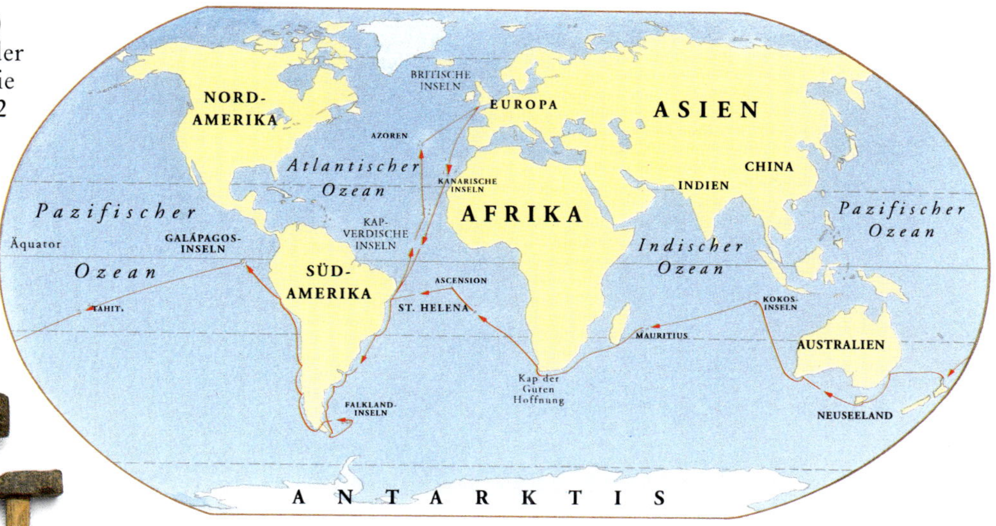

Werkzeuge

Darwin benutzte in Südamerika diese Hämmer, um Fossilien aus den Felsen herauszuschlagen.

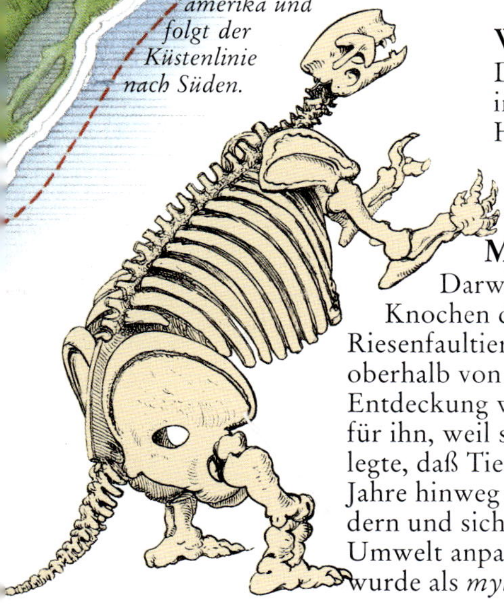

Mylodon darwini

Darwin fand versteinerte Knochen des ausgestorbenen Riesenfaultiers in den Felsen oberhalb von Punta Alta. Die Entdeckung war sehr bedeutsam für ihn, weil sie seine These belegte, daß Tierarten sich über Jahre hinweg allmählich verändern und sich den Bedingungen ihrer Umwelt anpassen. Dieses Faultier wurde als *mylodon darwini* bekannt.

Explosionen und Beben

Die Forschungen in den Anden ließen Darwin auch geologische Zusammenhänge verstehen. Er war zunächst verwirrt, als er Meeresmuscheln in den Höhen fand. Dann erkannte er aber, daß das Gebirge durch die Bewegung der Erdplatten aus dem Meer hochgedrückt worden war und daß die Witterung es langsam wieder abtrug. Außerdem konnte er den Ausbruch eines Vulkans aus der Nähe miterleben. Auf der Insel Chiloé wurde er Zeuge eines Erdbebens.

Die Galápagos-Inseln

Die unbewohnte Inselgruppe liegt 1000 km vor der Nordwestküste Südamerikas. Sie hat eine einzigartige Tier- und Pflanzenwelt. Die Inseln wurden nach den dort lebenden Riesenschildkröten benannt, die im Spanischen Galápagos heißen.

Die Galápagos-Inseln (links) entstanden durch den Ausbruch unterseeischer Vulkane. Die Landschaft ist dunkel, es gibt niedrige Klippen und schwarze Felsbrocken.

Riesenschildkröten

Matrosen versuchten immer wieder, Galápagos-Schildkröten zu fangen.

Darwins Aufzeichnungen

Darwin hielt alle Beobachtungen in solchen Notizheften fest. Nach der Rückkehr benutzte er sie für seinen Reisebericht. Ihre wissenschaftliche Auswertung war die Arbeit von Jahren. Sie befaßte sich mit unterschiedlichen Themen, so z. B. auch mit Korallenriffen. Die Notizen waren auch das Material für sein Werk über die Evolution.

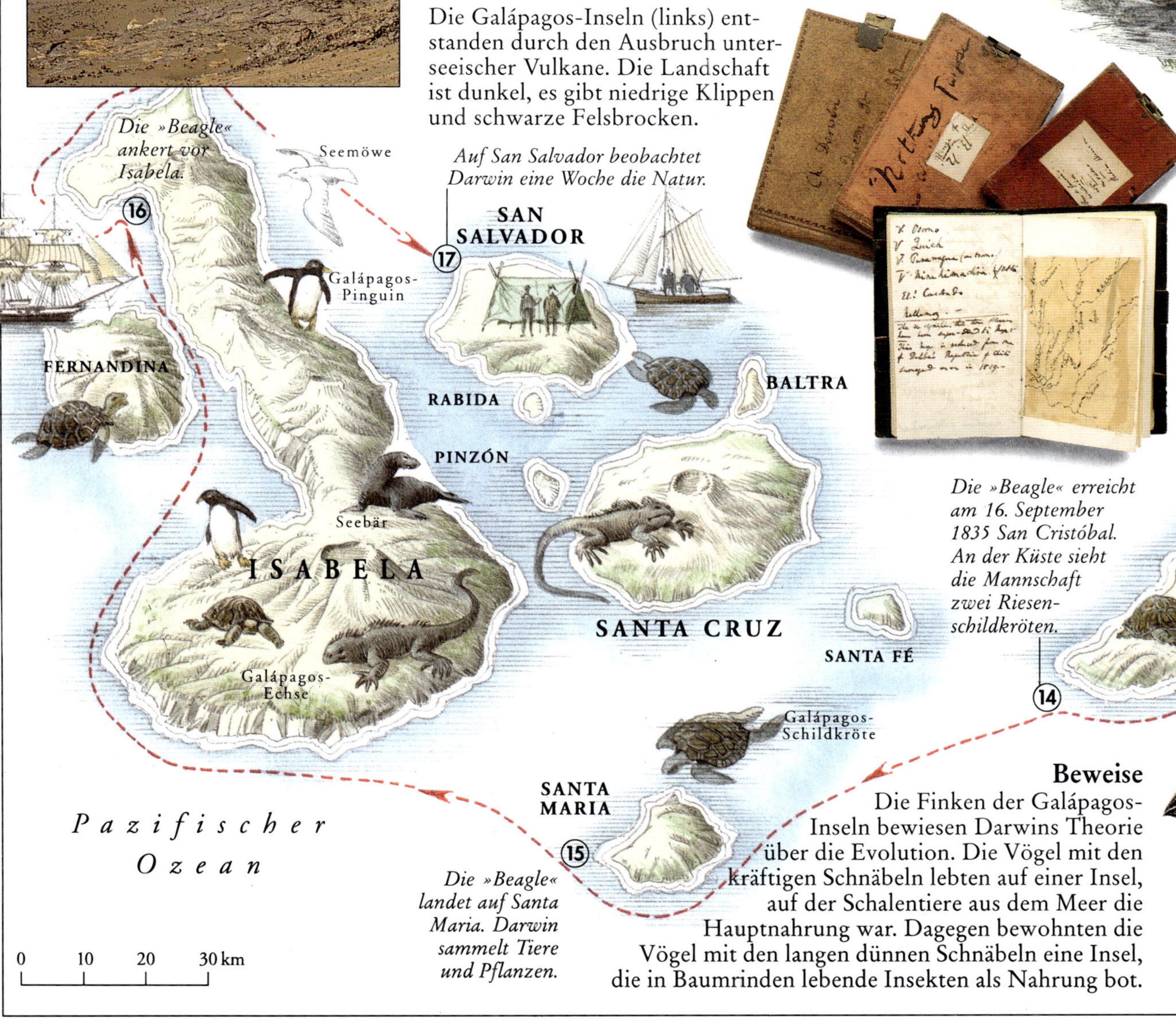

Beweise

Die Finken der Galápagos-Inseln bewiesen Darwins Theorie über die Evolution. Die Vögel mit den kräftigen Schnäbeln lebten auf einer Insel, auf der Schalentiere aus dem Meer die Hauptnahrung war. Dagegen bewohnten die Vögel mit den langen dünnen Schnäbeln eine Insel, die in Baumrinden lebende Insekten als Nahrung bot.

Die Erforschung der Meere

Ozeanographie ist die Wissenschaft von den Meeren und deren Lebewesen. Dieser Forschungszweig ist relativ jung, er entwickelte sich erst seit der Mitte des 19. Jahrhunderts. Die Seefahrer und Fischer wußten natürlich schon immer eine Menge über das Meer, aber niemand hatte dieses Wissen zusammengefaßt und ausgewertet. Außerdem gab es erst spät Ausrüstungen zur Erforschung der Tiefsee. Die Griechen der Antike hatten schon darüber nachgedacht, warum das Meer salzig ist und warum es die Gezeiten gibt. Die meisten Reisenden aber betrachteten das Meer nur als einen schnellen, mitunter gefährlichen Verkehrsweg in andere Länder. Ende des 17. Jahrhunderts setzte in Europa die Wissenschaftliche Revolution ein. Die Menschen wollten die Zusammenhänge der Natur verstehen. Die modernen wissenschaftlichen Zweige Physik, Chemie und Biologie wurden begründet. Damit entwickelte sich auch das Interesse für die Erforschung der Meere. Unterseeforschung blieb aber lange ein schwieriges Unterfangen und beschränkte sich auf flache Gewässer.

Ungeheuer aus der Tiefe

Das Meer war immer voller Gefahren. Frühere Seeleute stellten sich vor, daß es voller schrecklicher Geschöpfe wäre. Die Kartographen illustrierten auf ihren Karten die Flächen der Ozeane mit riesigen Seeschlangen und walfischgroßen Kreaturen mit mächtigen Zähnen, die Schiffe zermalmen konnten. Geschichten von Nixen und Wassermännern hörte man überall. In London wurde dem Publikum noch 1825 eine »mermaid« präsentiert. Sie stellte sich aber als eine Frau mit falschem Fischschwanz heraus.

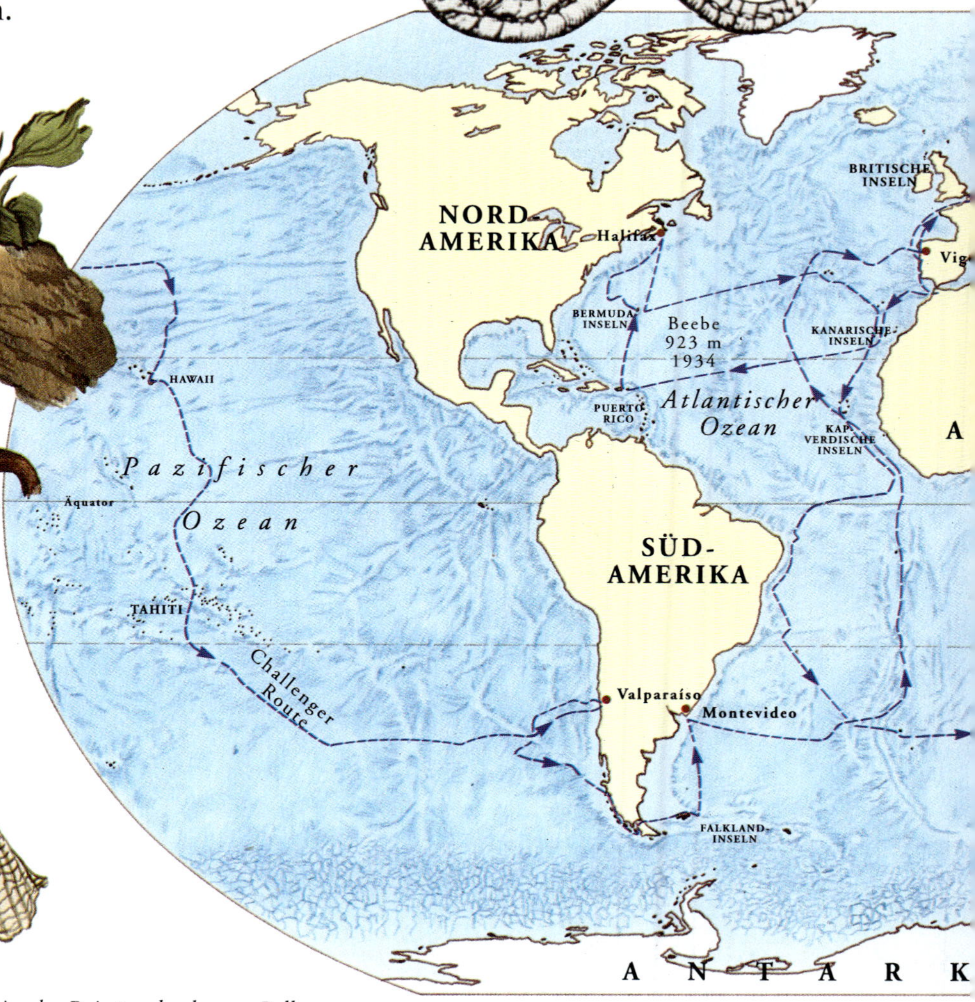

Marsigli im Mittelmeer

Der italienische Graf Luigi-Ferdinando Marsigli war der erste ernsthafte Unterseeforscher. 1706 arbeitete er vor der französischen Mittelmeerküste. Mit den Netzen von Korallenfischern sammelte er Stücke von Korallen und andere Lebewesen aus dem Meer. Er untersuchte sie unter dem Mikroskop und fertigte genaue Zeichnungen an. Er irrte sich aber mit seiner Schlußfolgerung, daß Korallen und Schwämme zu den Pflanzen zu rechnen seien, es sind in Wahrheit Tiere.

Marsiglis Zeichnung einer Koralle

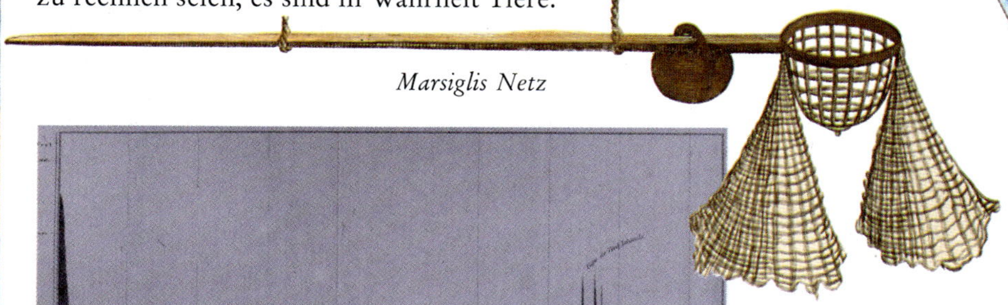

Marsiglis Netz

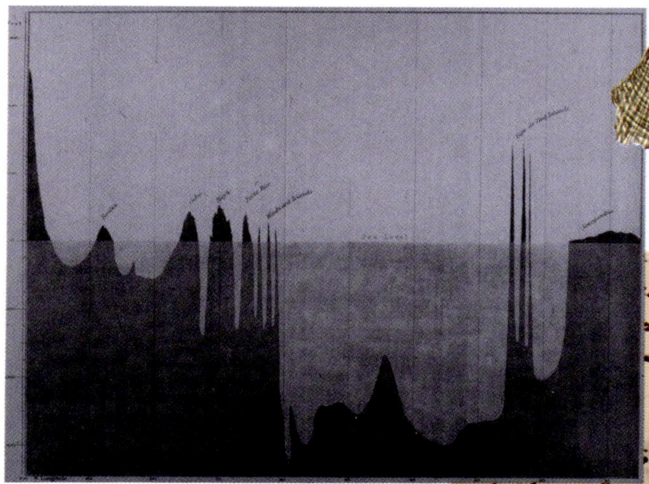

Maury im Atlantik

Matthew Fontaine Maury führte 1849 die erste große Tiefseevermessung durch. Dies war notwendig, weil ein Telegraphenkabel auf dem Boden des Atlantik verlegt werden sollte. Maurys Assistent John Brooke konstruierte ein Echolot zur Messung der Meerestiefe. Damit war es möglich, eine Karte vom Meeresboden anzufertigen. Diesen Querschnitt durch den Atlantikboden (oben) fertigte Maury an.

Das ist die erste Seite des Reisetagebuchs von Pelham Aldrich, einem Besatzungsmitglied der »Challenger«.

Die Fahrt der »Challenger«

Nach der ersten großen Konferenz über Ozeanographie im späten 19. Jahrhundert wurden viele Expeditionen zur Meeresforschung ausgesandt. Eine war die Fahrt der »Challenger«. Sie hatte eine spezielle Ausrüstung zur Meeresforschung. An Bord befanden sich zwei Laboratorien, die mit den modernsten wissenschaftlichen Geräten dieser Zeit ausgestattet waren, z. B. dem Echolot (rechts) zur Tiefenmessung. Zwischen 1872 und 1876 befuhr die »Challenger« außer dem Nordpolarmeer alle Ozeane rund um den Globus. Die Wissenschaftler untersuchten das Wasser, deren Lebewesen und die Formation des Bodens, z. B. Riffe und Inseln.

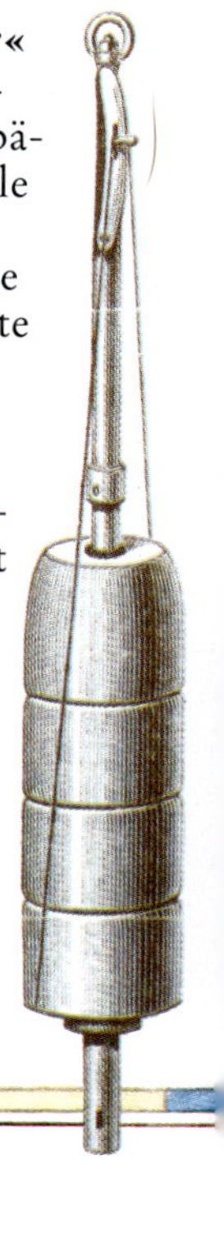

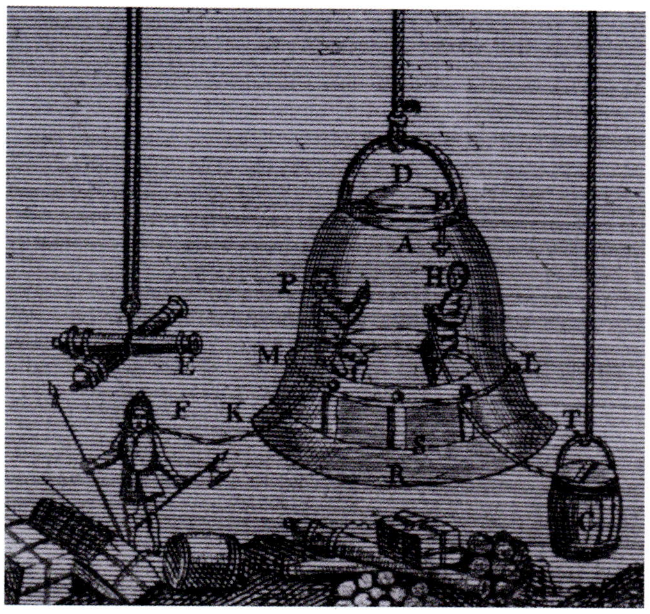

Halleys Tauchglocke

Die Tauchglocke war eine der ersten Erfindungen für die Arbeit unter Wasser. Wenn sie ins Wassers herabgelassen wird, preßt der Wasserdruck die Luft im Inneren zusammen. Zum Ausgleich wurde Luft von der Oberfläche in die Glocke gepumpt. Edmund Halley konstruierte 1690 die erste funktionsfähige Tauchglocke. Sie bestand aus Holz und war mit Blei bedeckt, so daß sie im Wasser sank. Die Luftversorgung erfolgte durch eine kluge Anordnung von Fässern und Lederschläuchen. Nach Halleys Aussage konnten sich vier Männer in 18 m Tiefe 90 min lang aufhalten.

Taucherhelm, ca. 1840

Tauchschuhe mit Bleisohlen, ca. 1840

Frühe Tauchausrüstung

C. H. Kleingert entwickelte 1797 einen einfachen Taucheranzug, in dem die obere Hälfte des Körpers in einer Art Röhre steckte. Augustus Siebe erfand um 1819 einen offeneren Anzug, ähnlich dem oben abgebildeten. Damit hatte der Taucher eine größere Bewegungsfreiheit. Ein wichtiger Teil war und ist der Taucherhelm. Durch einen Schlauch wird Luft von der Oberfläche hineingepumpt, während die verbrauchte Luft unterhalb des Kragens entweicht. Der Luftdruck muß an die Tiefe angepaßt werden, in der ein Taucher arbeitet. Der Druck der entweichenden Luft verhindert, daß Wasser in den Helm eindringt.

Beebe und die Bathysphäre

Im Jahre 1934 stellte der amerikanische Erfinder Charles William Beebe einen neuen Tiefsee-Tauchrekord auf. In einer Bathysphäre erreichte er im Atlantik vor den Bermuda-Inseln eine Tiefe von 923 m. Die Bathysphäre (griechisch: Tiefenkugel) war von Beebe (rechts) und dem Ingenieur Otis Barton gebaut worden. Sie war eine hohle Stahlkugel mit einem Durchmesser von weniger als 1,5 m mit Fenstern aus Plexiglas. Die Bathysphäre wurde an einer starken Kette von einem Schiff aus in die Tiefe gelassen.

»Aqualunge«

Das Preßlufttauchgerät, auch »Aqualunge« genannt, wurde 1943 von dem Meeresforscher Jacques Cousteau erfunden. Damit konnten Taucher erstmals ohne Schlauchverbindung zum Schiff bis zu 30 m tief tauchen. Die Luft wird in Preßluftflaschen auf dem Rücken mitgeführt. Durch einen Schlauch sind diese mit dem Mundstück verbunden. Eine wasserdichte Taucherbrille bedeckt Augen und Nase.

Preßluftflasche

Taucherbrille

Die Fahrt der »Trieste«

Das Bathyscaph (griechisch: Tiefenboot) wurde 1953 von dem Schweizer Physiker Auguste Piccard erfunden. Es war das erste Tiefsee-Tauchboot, das bis in die größten Tiefen der Ozeane vordrang. Mit Piccards zweitem Bathyscaph, der »Trieste II«, stellten sein Sohn Jacques und der Marine-Offizier Don Walsh 1960 den Tiefenweltrekord auf. Sie tauchten mehr als 11 000 m hinab, zum Grund des Marianengrabens, der tiefsten bekannten Stelle der Weltmeere. Dort konnten sie die fremde Welt der Tiefsee beobachten.

Geheimnisvolles Afrika

Vor zweihundert Jahren wußten die Europäer so gut wie nichts über Afrika. Nur einige wenige Gebiete in Küstennähe waren bekannt. Dabei gab es mächtige afrikanische Reiche, die schon mehr als 1000 Jahre bestanden. Afrika war für die frühen Entdecker sehr abschreckend. Sichere Häfen gab es kaum, Wüsten oder Dschungel bedeckten den größten Teil des Kontinents, und die Flüsse endeten in riesigen, sumpfigen Deltas oder waren wegen Wasserfällen unpassierbar. Ab dem 17. Jahrhundert liefen europäische Schiffe verstärkt die afrikanischen Häfen an. Man konnte gute Geschäfte machen – aber nicht mit Gold, Elfenbein oder Gewürzen! Schwarze Sklaven für die amerikanischen Kolonien waren die begehrteste »Ware« Afrikas. Das Innere Afrikas blieb den Europäern bis ins 18. Jahrhundert unbekannt.
1788 gründete der englische Botaniker Joseph Banks, der Kapitän Cook im Pazifik begleitet hatte, die »African Association« (Afrika-Gesellschaft). Sie wollte die Erforschung Innerafrikas voranbringen. Die Zeit der Expeditionen nach Afrika begann; zunächst ging es nach Westafrika und in die Sahara. Zu einer besonderen Herausforderung wurde die Suche nach der Quelle des längsten afrikanischen Flusses, dem Nil.

Vermutungen

Diese französische Karte von Afrika aus dem 16. Jahrhundert zeigt ein recht genaues Bild der Küsten. Das Landesinnere aber war den Europäern ein Rätsel. Auch der Verlauf des Nils war nicht sicher. Damals glaubte man, daß er im »Mondgebirge« entspringt und durch das ganze Land fließt.

Caillié war 1828 der erste Europäer, der die Sahara durchquerte.

Mungo Park

Die Afrika-Gesellschaft beauftragte 1795 den Schotten Mungo Park mit der Erforschung des Niger, den er auch erreichte. Die Engländer feierten ihn aber nicht als großen Entdecker. 1805 fuhr er nach Afrika, um die Quellen des Niger zu finden. Er ertrank, als Eingeborene sein Kanu aus dem Hinterhalt überfielen.

Park 1771-1806

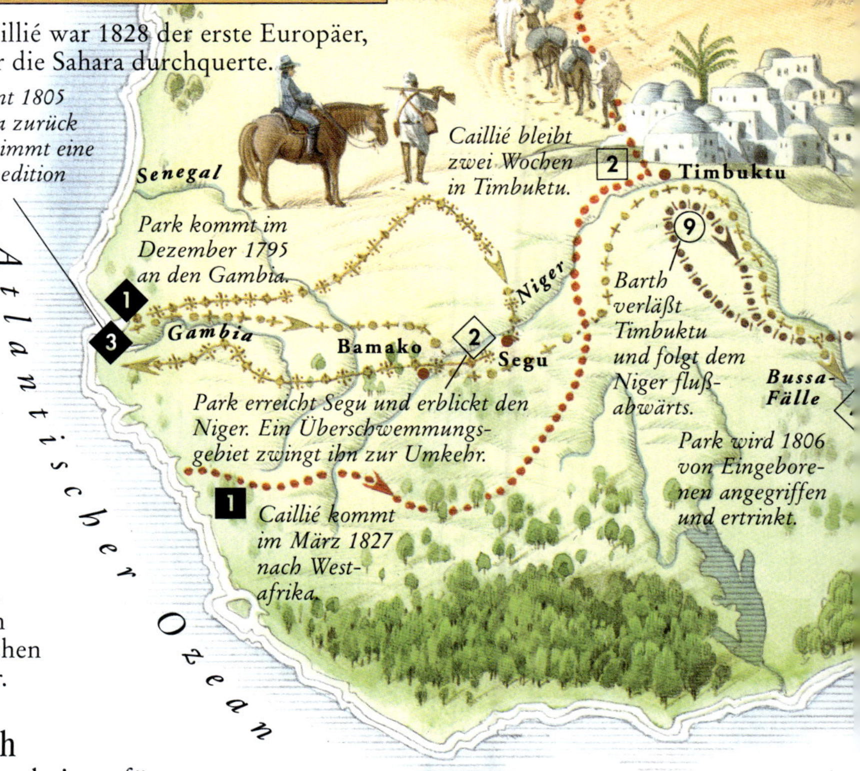

Grausame Wüste

Auf sich gestellt waren die Europäer dem trockenen und heißen Klima der Sahara hilflos ausgeliefert. So schlossen sie sich auf langen Reisen den Karawanen der einheimischen Kaufleute an (oben), für kürzere mieteten sie sich Führer.

Caillié 1799-1838

René Caillié

Der Franzose René Caillié war 1828 der erste Europäer, der das legendäre Timbuktu in der Sahara besuchte und lebend zurückkam. Moslems waren den Christen feindlich gesinnt. Caillié reiste als Ägypter verkleidet. Der Anblick von Timbuktu enttäuschte ihn. Die »Stadt aus Gold« war nur noch eine Ansammlung von Lehmhütten.

Barth 1821-1865

Heinrich Barth

Heinrich Barth arbeitete für die britische Regierung. Er forschte wissenschaftlicher als Caillié oder Park. Fünf Jahre verbrachte er in der Sahara und in Westafrika. Er reiste zu Pferd und erkundete den Tschadsee und den Fluß Benue; Timbuktu besuchte er ebenfalls.

Zeichenerklärung

James Bruce	1768-73		
Mungo Park	1. Expedition	1795-97	
	2. Expedition	1805-06	
René Caillié	1827-28		
Heinrich Barth	1. Expedition	1844-45	
	2. Expedition	1850-55	
Burton/Speke	1857-58		
John Speke	1. Expedition	1858	
	2. Expedition	1860-63	

Burton 1821-1890

Richard Burton

Richard Burton war ein großer Gelehrter und ein unerschrockener Forscher. 1853 hatte er in der Kleidung eines Arabers die heilige Stadt Mekka besucht, die für Nicht-Moslems verboten war. Für seine Forschungsreisen in Ostafrika wählte er sich John Hanning Speke als Gefährten.

Suche nach der Quelle des Nil

Burton und Speke machten sich 1857 auf die Suche nach der Quelle des Nil. Sie reisten zunächst zum Tanganjikasee, wo Burton ernsthaft erkrankte. Speke wandte sich allein nach Norden und fand einen großen See, den er Victoriasee nannte. In der Überzeugung, die Quelle des Nil gefunden zu haben, kehrte er um. Burton war aber nicht davon überzeugt. 1860 brach Speke mit James Grant noch einmal auf. Schließlich fand Speke 1862 die Nilquelle bei den Riponfällen im Norden des Sees.

Speke 1827-1864

John Hanning Speke

John Hanning Speke war ein junger Engländer, der das Leben in der Wildnis liebte. Lange hatte er davon geträumt, durch Afrika zu reisen. 1855 beendete er seinen zehnjährigen Dienst in der indischen Armee und verwirklichte seinen Traum. Zwei Jahre war er mit Burton unterwegs, um Ostafrika zu erforschen.

Spekes Skizzen

Diese Zeichnungen von Gazellen stammen aus Spekes Skizzenbuch. Die Grant-Gazelle ist nach Spekes Begleiter bei seiner zweiten Expedition 1860 benannt.

Die Wasserfälle

Die Murchisonfälle bringen den Nil auf die Höhe des Albert-Sees. Samuel Baker und seine Frau sahen sie 1864 als erste Europäer.

Livingstone und Stanley

John Hanning Speke verglich Afrika mit einem umgedrehten Suppenteller. Es gibt einen ebenen Rand an der Küste, dann erhebt sich das Land steil, während das Landesinnere dann wieder größtenteils eben ist. Die europäischen Forscher mußten nicht ständig Gebirge überwinden, aber sie waren anderen Schwierigkeiten ausgesetzt. Sie litten unter Krankheiten, Hunger und Dürre, wurden überfallen und gerieten in Stammeskriege.
Die Erforschung Afrikas im 19. Jahrhundert war zunächst die Erforschung der großen Flüsse. Diese waren die Straßen ins Landesinnere. Von allen europäischen Forschern sind David Livingstone und Henry Morton Stanley die bekanntesten. Der schottische Missionar Livingstone folgte dem Lauf des Sambesi, und er beteiligte sich an der Suche nach der Nilquelle. Der Journalist Stanley erforschte den letzten unbekannten großen Fluß, den Kongo (heute Zaire). Er fuhr den Kongo hinab: von den Quellflüssen im Zentrum des Kontinents über 3220 km bis zum Meer.

Livingstone 1813-1873

David Livingstone
Mit 28 Jahren kam David Livingstone als Missionar und ausgebildeter Arzt ins südliche Afrika. Er hoffte, das Leben der Afrikaner durch die Segnungen des europäischen Wissens und des Handels verbessern zu können. Von 1853 bis 1856 durchquerte er den Kontinent und folgte dabei dem Verlauf des Sambesi. 1858 bis 1864 erforschte er den Shire, den Njassasee und den Rovuma. Er starb auf der Suche nach der Nilquelle.

Der Sambesi
Nach Livingstones ausgezeichneten Berichten über den Sambesi schickte die britische Regierung eine offizielle Expedition dorthin. Livingstone hatte die Leitung, das Unternehmen wurde aber kein Erfolg. Wegen seiner tückischen Stromschnellen war der Sambesi als »Einreiseweg« für Afrika nicht geeignet.

Der Fluch der Sklaverei
Obwohl der Sklavenhandel in Europa bereits verboten war, fingen arabische Sklavenjäger immer noch afrikanische Eingeborene. Livingstone haßte die Sklaverei. Seine Expeditionen leisteten dem Menschenhandel allerdings Vorschub, da sie auch den Menschenjägern den Weg ins Landesinnere öffneten. 30 Jahre kämpfte er erbittert gegen den arabischen Sklavenhandel. Einen Monat nach seinem Tod 1873 wurde der größte Sklavenmarkt Afrikas in Sansibar geschlossen.

Orientierung
Dieser Kompaß begleitete Livingstone auf seiner Sambesi-Expedition. Die britische Regierung hatte seine gesamte Ausrüstung einschließlich eines Dampfschiffs bezahlt.

Stanley 1841-1904

Henry Morton Stanley
Der Amerikaner Henry Morton Stanley war ein Abenteurer. Er wollte berühmt werden, und es sollte sich auch lohnen. Seine Expedition durch Afrika und den Kongo hinab war gut bewaffnet und wurde – vielleicht deshalb – oft von den Eingeborenen angegriffen. Livingstone dagegen war fast immer allein gereist.

Ein berühmtes Treffen
1871 beauftragte eine amerikanische Zeitung Stanley mit der Suche nach dem verschollenen Livingstone. Stanley machte sich mit 200 Trägern auf den Weg – die größte Expedition, die jemals in Afrika unternommen wurde. Nach einem langen beschwerlichen Weg betrat er mit Gewehrschüssen und die amerikanische Fahne schwenkend Ujiji. Als Livingstone erschien, überwältigten Stanley seine Gefühle. Er nahm höflich seinen Hut ab und begrüßte den Verschollenen mit den Worten: »Dr. Livingstone, nicht wahr?«

Berühmte Hüte
Diese Kopfbedeckungen trugen Livingstone (links) und Stanley (rechts) bei ihrem berühmten Treffen in Ujiji am 10. November 1871.

Livingstones letztes Unternehmen
Livingstone ging nicht mit Stanley nach England zurück. Er machte sich zum Luapula auf, von dem er annahm, daß er in den Nil fließt. (In Wahrheit fließt er in den Kongo.) Livingstone mußte durch die Sümpfe um den Bangweulusee getragen werden. Im Mai 1873 fanden ihn seine Leute eines Morgens kniend, als würde er beten. Er war tot. Sein Herz wurde in Afrika, sein Körper in England begraben.

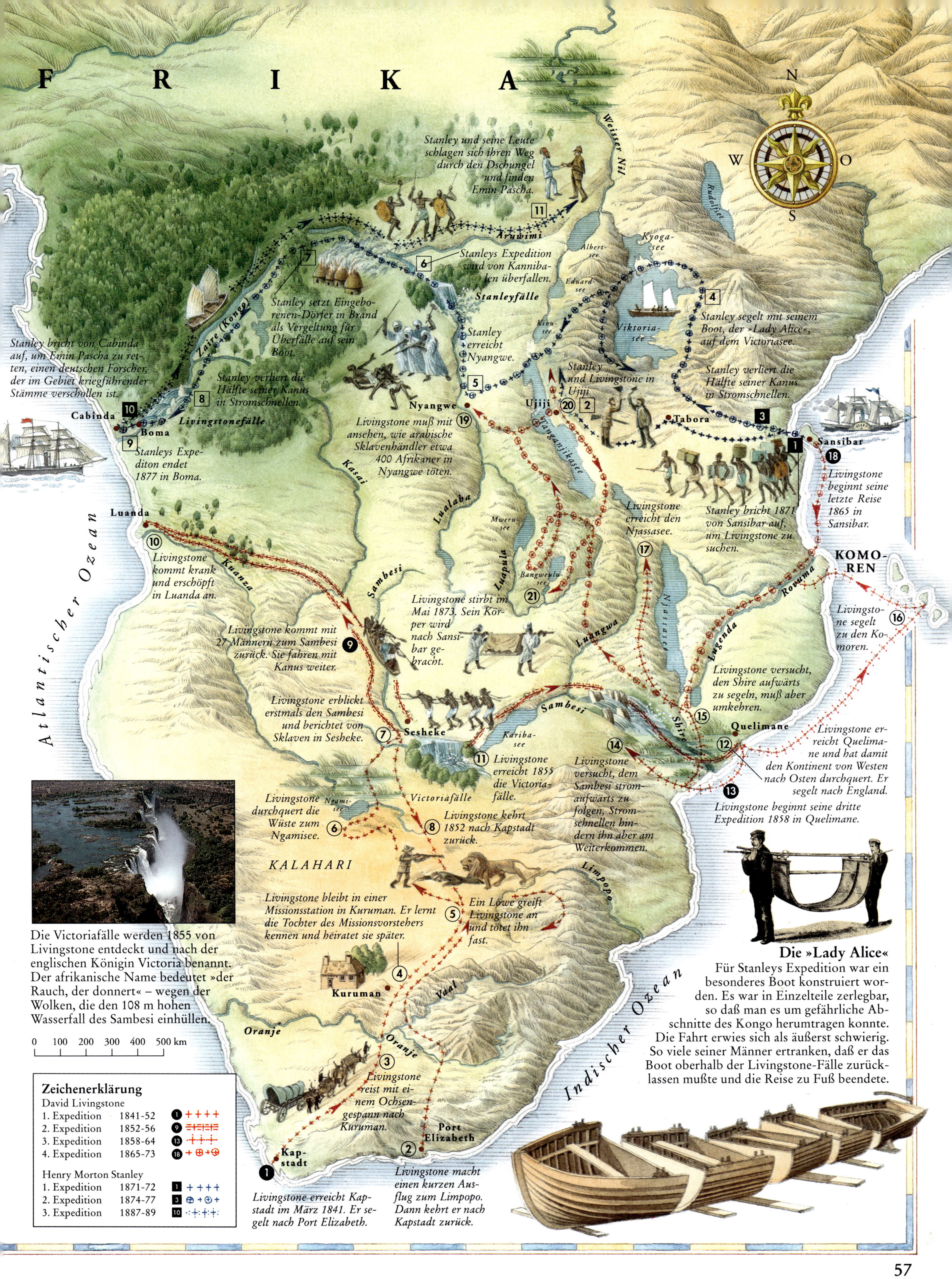

Die Victoriafälle werden 1855 von Livingstone entdeckt und nach der englischen Königin Victoria benannt. Der afrikanische Name bedeutet »der Rauch, der donnert« – wegen der Wolken, die den 108 m hohen Wasserfall des Sambesi einhüllen.

Die »Lady Alice«

Für Stanleys Expedition war ein besonderes Boot konstruiert worden. Es war in Einzelteile zerlegbar, so daß man es um gefährliche Abschnitte des Kongo herumtragen konnte. Die Fahrt erwies sich als äußerst schwierig. So viele seiner Männer ertranken, daß er das Boot oberhalb der Livingstone-Fälle zurücklassen mußte und die Reise zu Fuß beendete.

Zum Nordpol

Zu Beginn des 19. Jahrhunderts war das Wissen über die arktischen Gebiete schon recht groß, obwohl europäische Forscher noch nicht allzuweit in das Innere der Arktis vorgestoßen waren. Der größte Teil der Küsten und Inseln war kartographiert, und es war bekannt, daß große Flächen des Nordpolarmeeres eisbedeckt waren. Gegen Ende des Jahrhunderts kam es dann zum Wettlauf der Forscher ins Zentrum der Arktis, zum Nordpol. Das Fortkommen in der Arktis war ebenso schwierig wie gefährlich. Das Eis ist nicht eben und glatt wie auf einem Teich, sondern durch den Druck der darunter befindlichen Meeresströmungen vielfach zerborsten, gegeneinander verschoben und hoch aufgetürmt. So war der Weg der Forscher oft durch Spalten mit offenem Wasser oder eisigen Klippen blockiert. Unter Umständen trieb die Strömung das Eis gegen die Marschrichtung der Forscher, so daß sie nur sehr langsam nach Norden kamen. Dazu war das Wetter unberechenbar, Schneestürme oder dicker Nebel konnten plötzlich auftreten. Die Geschichte der Arktisforschung ist eine Geschichte der Mühsale und Niederlagen. Viele, die den Nordpol erobern wollten, fanden den Tod.

Vorstellungen vom Nordpol
Diese Karte von dem englischen Mönch Nikolas von Lynn stammt aus dem 14. Jahrhundert. Er stellte sich den Nordpol als magnetischen Felsen in einem Meeres-Strudel vor. Daneben sollte Land sein, das durch vier Flüsse in Viertel geteilt wäre. Noch im 19. Jahrhundert glaubten viele, daß der Nordpol festes Land sei und nicht nur Eis.

Hall 1821 -1871

Charles Francis Hall

1860 brach ein amerikanischer Verleger in die Arktis auf. Halls erste Expedition bestand nur aus einer Person – ihm selbst. Bei seiner dritten und letzten Expedition im Jahr 1871 kam er weiter nach Norden als jemals ein Mensch zuvor. Einige Wochen später starb er an Bord seines Schiffes.

Hall und die Inuit
Die Inuit sind die Bewohner der arktischen Gegenden. Traditionell leben sie von der Jagd auf Rentiere, Robben und Wale, die sie mit Harpunen aus Geweih erlegen. Aus den Fellen dieser Tiere stellen sie ihre Kleidung, Zelte und ihre Boote, die Kajaks, her. Sie bewegen sich auf Schlitten fort, die von Hunden gezogen werden. Hall war einer der ersten Polarfoscher, der Freundschaft mit den Inuit schloß und von ihnen lernte, mit der arktischen Kälte zurechtzukommen. Er studierte auch ihre Sprache. Das Bild zeigt, wie er das Steuern eines Hundeschlittens erlernt.

Ausrüstung gegen die Kälte
Die Kleidung der frühen Forscher schützte nicht vor der extremen Kälte der Arktis. Erst im 19. Jahrhundert erkannten sie, daß die Pelzkleidung der Inuit – wie diese Kapuze und diese Fäustlinge – sehr viel wärmer war.

Nahrung zum Überleben
Pemmikan wird aus getrocknetem, zerstoßenen Fleisch gemacht, das mit geschmolzenem Fett vermischt wird. Es wurde von den Ureinwohnern Nordkanadas »erfunden«. Es ist kalorienreich und jahrelang haltbar. Diese Dose ist mehr als hundert Jahre alt.

Robert Peary

Der amerikanische Arktisforscher Robert Peary war Marineoffizier, Ingenieur und begeisterter Naturforscher. Er wollte unbedingt als erster den Nordpol erreichen. 1891 fuhr er das erste Mal in die Arktis. Seine junge Frau und sein farbiger Diener und Freund Matthew Henson begleiteten ihn. Insgesamt macht Peary acht Expeditionen in die Arktis.

Peary 1856-1920

Mit dem Heißluftballon zum Pol
1897 versuchte der schwedische Ingenieur Salomon Andrée, den Nordpol mit dem Ballon »Øernen« zu erreichen. Er startete auf der Insel Spitzbergen, flog zwei Tage und war dann verschollen. Erst 1930 fand man die Leichen von Andrée und seinen Begleitern. Dieses Foto war auf dem Film, der in Andrées Kamera steckte .

Peary am Nordpol

1909 kehrte Peary von seiner achten Nordpol-Expedition zurück. Dieses Foto von Henson und den vier Inuit sollte beweisen, daß er sein Ziel erreicht hatte. Das bezweifelten einige Leute, denen zwei Wochen für den Rückweg zum Stützpunkt zu kurz erschienen. Ob er der erste am Nordpol war, ist bis heute nicht geklärt.

Fridtjof Nansen

Der Norweger Nansen war Lehrer, Wissenschaftler, Schriftsteller und Forscher. Die Durchquerung Grönlands 1888 und seine Fahrt auf der »Fram« (Vorwärts) 1893 machten ihn bekannt. Später wurde Nansen Diplomat. 1922 bekam er den Friedensnobelpreis für seinen Einsatz für die Flüchtlinge und Kriegsgefangenen des Ersten Weltkriegs.

Nansen 1861-1930

Eisberge sind riesige Eismassen, die vom Rand des Packeises oder von Gletschern abgebrochen sind. Sie verhinderten häufig, daß sich Forscher vom Meer her der Arktis näherten.

Die Fahrt der »Fram«

1884 wurden Wrackteile in Grönland gefunden, die von der Strömung durch das Nordpolarmeer mitgenommen worden waren. Nansen ließ daraufhin ein Schiff bauen, das vom Eis eingeschlossen werden konnte, um mit dessen Drift zu treiben. Drei Jahre lang wurde die »Fram« quer durch das Nordpolarmeer getrieben, allerdings nicht so nah an den Pol heran, wie Nansen gehofft hatte. Der Versuch, den Pol zu Fuß zu erreichen, scheiterte. Sie kamen aber näher an den Pol heran als je ein Mensch zuvor.

Zum Südpol

Anders als der Nordpol befindet sich der Südpol im Zentrum einer großen, eisigen Landmasse, der Antarktis. Dieser Kontinent ist die kälteste Gegend der Erde und war das letzte Territorium, das noch erforscht werden mußte.
1773 überquerte Kapitän James Cook als erster den südlichen Polarkreis, die Antarktis erblickte er jedoch nicht. Erst im Jahr 1820 entdeckten britische und amerikanische Robbenfänger die Antarktische Halbinsel. In den vierziger Jahren des 19. Jahrhunderts begann die Erforschung der antarktischen Küsten durch drei Expeditionen: eine französische unter Jules Dumont d'Urville, eine amerikanische unter Charles Wilkes und eine britische unter James Ross. Es war schwierig, die Umrisse des Kontinents zu bestimmen, weil ein dicker Eispanzer über vielen Stellen lag.
Die wissenschaftliche Erforschung der Antarktis begann Ende des letzten Jahrhunderts. Zu Beginn dieses Jahrhunderts unternahmen Forscher aus vielen Ländern gewaltige Anstrengungen, die Widerstände dieses lebensfeindlichen Gebietes zu überwinden und das »Ende der Welt« zu erreichen, den Südpol.

Vorstellungen vom Südpol
Die Griechen der Antike glaubten, daß es einen »südlichen Kontinent« um den Südpol herum geben müsse. Diese Idee beeinflußte die europäischen Kartographen über Jahrhunderte. Diese französische Karte aus dem Jahre 1739 kommt der Wahrheit recht nahe. Die Antarktis wird korrekt als eisbedeckte Landmasse dargestellt. Das Meer, das den Kontinent in zwei Teile trennt, ist erfunden.

Ross 1800-1862

James Clark Ross

Ross, ein britischer Marineoffizier, übernahm 1839 eine Expedition in die Arktis. Mit seinen Schiffen »Erebus« und »Terror« war er der erste Forscher, der einen Weg durch das Packeis (zugefrorenes Meer) fand. Viele der Gebiete, die er entdeckte, wurden nach ihm benannt, so die Rossinsel, das Rossmeer und das Ross-Schelfeis.

Ein berühmtes Chronometer
Dieses Chronometer stammt aus der königlichen Sternwarte in Greenwich (London). 1907 wurde es Ernest Shackleton und 1910 Robert Scott für die »Terra Nova«-Expedition zur Verfügung gestellt.

Amundsen 1872-1928

Roald Amundsen

Als junger Mann gab der Norweger Amundsen sein Medizinstudium auf, um sich einer Antarktis-Expedition anzuschließen. Als er 1911 zum Südpol aufbrach, hatte er bereits zwei einmalige Leistungen vollbracht: 1898 verbrachte er als erster einen Winter in der Antarktis, und 1906 durchfuhr er als erster die Nordost-Passage.

Scott 1869-1912

Robert Falcon Scott

Scott war ein junger Marineoffizier, der 1901 beauftragt wurde, die britische »Discovery«-Expedition in die Antarktis zu leiten. Als er 1910 zur »Terra Nova«-Expedition aufbrach, betrachtete er die Antarktis bereits als »seinen« Kontinent. Er war besessen von dem Ziel, der erste Mensch am Südpol zu sein.

Die große Enttäuschung
Scott verließ seinen Stützpunkt zehn Tage nach Amundsen. Seine Expedition bestand aus zehn Männern, zehn Ponys und 23 Hunden. Die schlechten Witterungsbedingungen und die Überwindung von Hindernissen forderten gewaltige Kraftanstrengungen. Nachdem sie den Beardmore-Gletscher erklommen hatten, bestand die Expedition nur noch aus fünf Männern und zwei Schlitten. Alle litten unter Erfrierungen. Schließlich erreichten sie am 17. Januar 1912 den Südpol und stellten fest, daß Amundsen sie geschlagen hatte. Scott und seine Leute kamen auf dem Rückweg um.

Amundsens Triumph
Amundsen brach am 19. Oktober 1911 zum Südpol auf. Sein Basislager lag in der Walfischbucht am Rossmeer, auf der gegenüberliegenden Seite von Scotts Stützpunkt. Amundsen hatte bereits einige Touren unternommen und dabei Lebensmittelvorräte entlang der Route deponiert. Er hatte nur vier Begleiter und reiste mit Hundeschlitten. So kamen sie schnell voran. Am 14. Dezember 1911 erreichten sie als erste den Südpol.

Der »Schlittenmeter«
Scotts »Terra Nova«-Expedition 1911 war mit den modernsten wissenschaftlichen Geräten für die Polarforschung ausgerüstet. Dazu gehörte auch dieses Instrument, das wie ein Tachometer am Fahrrad funktioniert. Es wurde hinter einen Schlitten gehängt, um die zurückgelegte Entfernung zu messen.

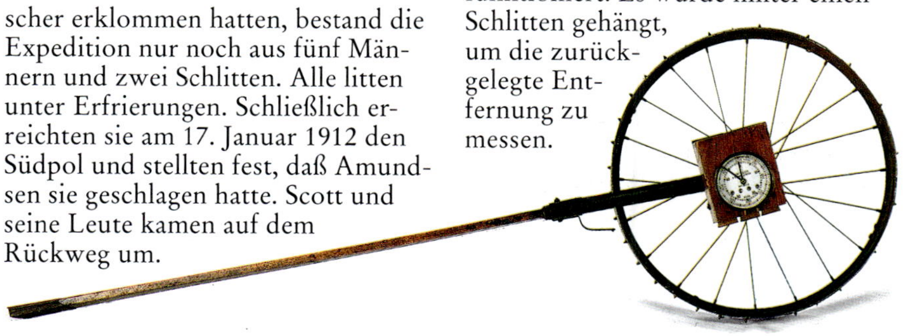

Shackleton 1874-1922

Ernest Shackleton

Der Ire Shackleton kam als Mitglied von Scotts »Discovery«-Expedition das erste Mal in die Antarktis. 1908 leitete er selbst eine Expedition zum Südpol. Nur 180 km vor dem Ziel mußte er umkehren, weil seine Lebensmittel knapp wurden. 1914 brach er ein weiteres Mal in die Antarktis auf. Er mußte aber das Schiff aufgeben, als es vom Packeis eingeschlossen wurde.

Das Ende der »Endurance«
Im November 1915 mußte Shackleton den dramatischen Untergang seines Schiffes »Endurance« (Durchhaltevermögen) im zugefrorenen Meer miterleben. Das Packeis hatte das Schiff elf Monate lang eingeschlossen und langsam zerdrückt, bis es schließlich sank.

Die ersten Schiffe, die sich um 1840 der Antarktis nähern, stoßen auf gefährliche Hindernisse wie Packeis und riesige treibende Eisschollen.

Heute ist es die Aufgabe der Wissenschaftler, die Antarktis zu erkunden. Die britische Rothera-Forschungsstation ist nur einer von vielen Stützpunkten.

Zeichenerklärung

J. Dumont d'Urville	1837-40	········
James Ross	1839-43	– – – –
Roald Amundsen	1910-12	–o–o–o–
Robert Scott	1910-12	++++++
Ernest Shackleton	1914-16	oooooo

Moderne Forschungsprojekte

Dem Mut und der Entschlossenheit von Forschern und Entdekkern verdanken wir es, daß es keinen unbekannten Ort mehr auf der Erde gibt. Die Forscher haben uns Berichte und Bilder von den Tiefen der Ozeane und den höchsten Gipfeln der Gebirge gebracht. Die abgelegensten Wüsten der Welt und die Gletscher der Polargebiete sind auf Karten erfaßt. Nicht einmal die Schwerkraft der Erde konnte dem Forscherdrang Grenzen setzen: Auch in den Weltraum sind die Menschen vorgedrungen. Mit der Kenntnis der entlegenen Gegenden hat sich die Zielsetzung der Forschung geändert. Heutzutage wollen die Naturwissenschaftler die Erde verstehen: das Zusammenspiel von Klima, Planzen- und Tierwelt und geologischen Bedingungen. In der Erdgeschichte hat sich die Natur immer wieder in Gleichgewichte eingespielt. Das Auftreten größerer Menschengruppen, z. B. die Kultivierung neuentdeckter Länder durch Siedler, bedeutete aber immer Gefahr für das Gleichgewicht der Natur. Die Entdecker der Vergangenheit haben unseren Ahnen die Wunder dieser Erde gezeigt. Die Aufgabe der heutigen Naturforscher ist es, uns zu zeigen, wie diese Wunder für künftige Generationen bewahrt werden können.

Der höchste Gipfel der Erde
Der Mount Everest im Himalaya ist der höchste Berg der Erde. Am 29. Mai 1953 waren der Neuseeländer Sir Edmund Hillary (geboren 1919) und der nepalesische Bergführer Tenzing Norgay (1914-1986) die ersten Menschen auf dem 8848 m hohen Gipfel. Sie trugen Sauerstoffgeräte, damit sie in der dünnen Luft in dieser Höhe atmen konnten. Das Bild oben zeigt Hillary und Tenzing kurz vor dem Gipfel des Mount Everest.

Die Hochgebirge
Ein großer Teil der Weltbevölkerung lebt im Großraum von Gebirgen. Die Natur ist in den unwirtlichen Höhen der Gebirge sehr empfindlich. So hat die Zerstörung der Wälder katastrophale Folgen. Forschungen zeigen, daß die Erde von den Felsen gespült wird. Wasser wird nicht mehr gespeichert, und es drohen regelmäßige Überschwemmungen.

Der Wettlauf um den Regenwald
Entdecker haben die abgelegensten Regenwälder besucht. Aber von dem einzigartigen Lebensraum, den der »Baldachin« – das Blätterdach in 30 m Höhe über dem Waldboden – darstellt, haben sie nichts gewußt. Heute versuchen Forscher, die Tier- und Pflanzenwelt in dieser Höhe mit solchen »Fußwegen« zwischen den Kronen der Baumriesen zu erschließen. Leider sind die Regenwälder heute bedroht: Jährlich fallen 110 000 bis 150 000 km² Regenwald wirtschaftlichen Projekten zum Opfer.

Das Maracá-Projekt
Auf der unbewohnten brasilianischen Insel Maracá nahe der Grenze zu Venezuela untersuchen Wissenschaftler der Königlichen Geographischen Gesellschaft von England (oben) das Wachstum von Sämlingen im Regenwald. Das ist Teil eines Projekts zur Erforschung des Lebensraumes Regenwald. Die Insel liegt im Uraricoera, einem Zufluß des Amazonas'. Die Gesellschaft gründete diesen Stützpunkt, um mehr über das Nachwachsen des Waldes, den Boden, den Wasserhaushalt und das Leben der Insekten zu erfahren.

Die Menschen im Regenwald
Für die Bewohner des Regenwalds bedeutet dessen Zerstörung das Ende ihrer Kultur und ihrer Traditionen. Diese Stammesvölker haben Lebensweisen entwickelt, vom Regenwald zu leben, ohne ihm zu schaden. Aber sie wissen nicht, mit welcher Politik man die Zerstörung des Regenwalds aufhalten kann.

Die Eroberung des Weltraums

1957 brachte die Sowjetunion ihren ersten Satelliten »Sputnik I« auf eine Erdumlaufbahn. Er hatte die Größe eines Fußballs und konnte nur Radiowellen senden. Aber innerhalb von vier Jahren hatten sowohl die Sowjetunion als auch die Vereinigten Staaten bemannte Raumschiffe ins All geschickt. Damit begann auch der Wettlauf, als erster auf dem Mond zu landen (rechts).

Reiseziel Mond

1959 schickte die Sowjetunion ein unbemanntes Raumschiff zum Mond. Neun Jahre später waren es zwei amerikanische Astronauten, die als erste Menschen die Erdumlaufbahn verließen und zum Mond flogen. Sie umkreisten ihn aber, ohne zu landen. Die ersten Menschen auf dem Mond waren Neil Armstrong und Edwin Aldrin (beide 1930 geboren). Am 20. Juli 1969 spazierten sie auf der Oberfläche des Mondes. Seitdem konzentrieren sich die Wissenschaftler auf den Bau von Raumstationen und auf Flüge von Raumsonden in weit entfernte Regionen des Weltraums.

Ein Auge am Himmel

Erderkundungs-Satelliten wie die der amerikanischen Landsat-Serie (links) umkreisen die Erde in 700 bis 900 km Höhe. Ihre Antennen und Kameras sind auf die Erde ausgerichtet. Die Bilder werden als Signale zur Bodenstation gefunkt, wo sie in Fotografien umgesetzt werden, die sehr hochauflösend sind. Diese dienen dazu, Karten von unzugänglichen Gegenden anzufertigen, Bodenschätze aufzuspüren sowie Luft- und Wasserverschmutzungen zu verfolgen. Das Bild unten zeigt einen gebirgigen Teil Chinas.

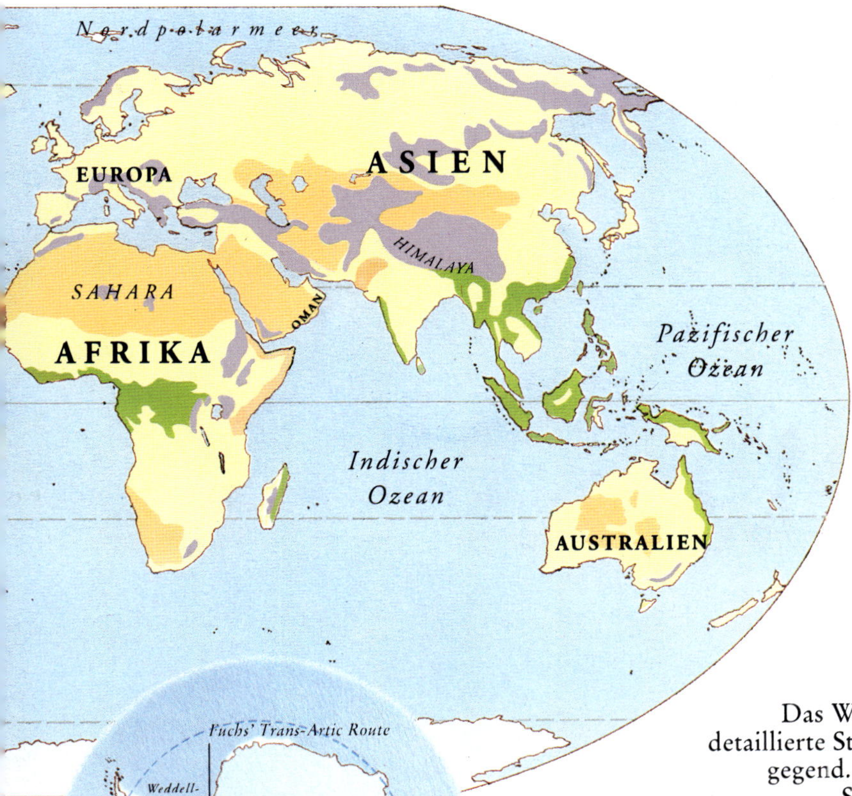

Wüsten und Trockengebiete

Die Überweidung und der zu hohe Holzeinschlag in Wüstengegenden und Gebieten mit wenig Niederschlag führen zur Ausdehnung der Wüsten. Alle fünf Jahre werden mehr als eine Million Quadratkilometer fruchtbares Bauernland zu Wüste. Wissenschaftler haben Forschungsstationen eingerichtet (unten), um herauszufinden, wie man diese Entwicklung aufhalten kann.

Das Wahibia Sands-Projekt

Das Wahibia Sands-Projekt in Ostoman erstellte eine detaillierte Studie über alle Aspekte dieser riesigen Wüstengegend. Über 40 Biologen, Wirtschaftswissenschaftler, Soziologen und andere Experten arbeiteten mit.

Polarforschung

Nach einem internationalen Vertrag ist die Nutzung der Antarktis auf friedliche wissenschaftliche Zwecke beschränkt. Heute unterhalten 24 Nationen Forschungsstationen in der Antarktis. Sie ist für die Forschung von großer Bedeutung. Die Zusammensetzung der einzelnen Schichten des Eises gibt Aufschluß über die Niederschläge der letzten 160 000 Jahre. Bohrproben zeigen, wie sich Klima und Atmosphäre in diesem Zeitraum verändert haben.

Antarktis-Pioniere

Die letzte unerforschte Gegend der Erde war die kalte und lebensfeindliche »Eiswüste« Antarktis. Die erste Durchquerung gelang erst 1958. Dr. Vivian Fuchs (geboren 1908) leitete die zwölf Mann starke British-Commenwealth-Antarctic Expedition. Die Gruppe startete von Shackletons Stützpunkt am Weddellmeer nahe der argentinischen Küste und den Falkland-Inseln. Leichte Flugzeuge warfen Lebensmittelvorräte über dem Eis ab und besichtigten die jeweils nächsten Streckenabschnitte. Die Expedition reiste mit Raupenfahrzeugen (links) und einem Hundeschlitten. Am 19. Januar 1958 erreichten sie den Südpol. Die gesamte Strecke von 3475 km zum Stützpunkt Scotts bewältigten sie in gut drei Monaten.

Forschung der Jugend

Für den Nordpol besteht kein Schutzvertrag wie für den Südpol. Die Wissenschaftler sind besorgt, daß eine wirtschaftliche Nutzung die Arktis für immer zerstören könnte. 1989 unternahmen 22 junge Leute aus 15 Ländern die »Icewalk-Student-Expedition«, um auf dieses Problem hinzuweisen. Sie reisten zum Nordpol, um die Arktis vor Ort kennenzulernen.

Register

Danksagung:
Der Verlag möchte folgenden Personen besonders danken: Richard Platt (Autor der Seiten 14, 15, 42, 43, 62, 63); Emma Johnson, Susan Peach und Constance Novis (Unterstützung der Redaktion); Hussain Mohamed, Lester Cheesemann und Marcus James (Mitarbeit an der Gestaltung); Anna Kunst, Zoe Wilkinson und Eric Smith (Recherchen)

Beratung: Richard Humble
Beratung bei den Karten: Andrew Heritage
Bildbeschaffung: Kathy Lockley
Karteneinfügungen/Globen: Aziz Khan
Register: Hilary Bird

Hinweis:
Der Verlag hat sich nach bestem Wissen und Gewissen bemüht, alle Inhaber von Urheberrechten an Beiträgen zu diesem Werk ausfindig zu machen. Sollte das in irgendeinem Fall nicht korrekt geschehen sein, bitten wir um Entschuldigung und bieten an, ggf. in einer nachfolgenden Auflage einen korrigierten Bildnachweis zu bringen.

Bildnachweis:
Andreemuseet, Granna: 58u.l.
Arctic Camera: 26m.
Aspect Picture Library: 34m.r., 34m.l.
B.A.S./C. Gilbert: 61u.l.
Biofotos/Heather Angel: 57u.l.
Bodleian Library, Oxford: 12u.l.
Bridgeman Art Library: 16o.r./City of Bristol Museum & Art Gallery: 26o., 45m.
British Library: 5m.r., 9u.r.,14u.r., 15o.r., 16u.r., 22m., 30o.m., 30o.l., 34b, 36o.r., 52o.l. & r., 58o.r., 60o.r./E.T. Archive: 12o.r.
Mary Evans Picture Library: 7o.r., 17u.l., 17o.m., 30u.m., 52o.m.,
Werner Forman Archive: 10m.r.
Photographie Giaudon/Musee Guimet: 41u.r.
Susan Griggs Agency/Leon Schadeberg: 17o.m.,
Sonia Halliday: 2u.r., 12o.m.
Robert Harding Picture Library: 10u.r., 12m.l., 14u.l., 14m.l., 17o.l., 18o.l., 35u.r., 52u.m., 54m., 54o.r., 61m.r., 62o.l., 62u.l.
Michael Holford: 7u.r., 15m.
Hulton Picture Company: 11o.l., 14o.r., 51m.r., 53o.l.
Hutchison Picture Library: 19u.l./Kon-Tiki Museet: 19o.r.
Mansell Collection: 15ct, 20u.r., 39u.r.
N.A.S.A.: 63o.l., 63o.m.
National Maritime Museum: 4m.l., 20m., 20m.l., 20u.l., 20u.r., 21u.l., 21m.l., 21m., 21m.r., 21o.r., 21o.m., 21o.l., 22u.m., 25m.r., 27m.r., 27o.m., 28m., 31u.r., 31o.r., 42o.r., 45u.l., 45u.m., 45u.r., 45o.r., 53m., 53o.r., 58m., 58m.r.
The Honourable Lady Rowley: 45m.r.
Natural History Museum: 45m.l., 48m.r., 48u.l., 49m.r.
N.H.P.A./A.N.T. Otto Rogge: 44u.r./ Ted Hutchison: 46o.r.
Jocelyn Burt: 47m., 50u.r.
N.H.P.A./Haraldo Palo: 51m.l.
Operation Raleigh Picture Library: 62u.l.
Photo Researchers Inc/Paolo Koch: 8m.
Planet Earth Pictures/Andrew Mounter: 25u.l./M.A. Ogilvie: 29m.l./Flip Schulke: 53u.l./Rod Salm 59o.l.
Popperfoto: 30u.l., 53u.r./Project Icewalk: 63u.l.
Rijksmuseum, Amsterdam: 43m./Ann Ronan Picture Library: 19o.l.
Royal Geogrphical Society: 3u.r., 60u.m., 61o.r., 62o.m., 62ct, 63u.r., 63m.r.u., 63m.r.
Science Museum Library: 7m.r.
Science Photo Library: 21u.r.
South American Pictures: 35m.l.
Still Pictures/Mark Edwards: 49c
Stofnun Arna Magnussonar (Iceland Manuscript Institute): 10o.
Syndication International: 23u.r., 26u.l., 35u.l., 36m./ J. Judkin Memorial Fund, Freshford Manor, Bath: 36u.m./Nasjonal galleriat, Oslo: 11o.m.; Natural History Museum: 48o.m./Royal Geographical Society: 58u.m.
TASS: 29u.r./Tokyo National Museum: 9m.r.
TRH Pictures/ N.A.S.A.: 63o.r.
Weidenfeld & Nicholson/Denver Public Library: 39o.r.
Wildlight Photo Agency/David Moore: 42m.
ZEFA: 13m.l., 23u.l.